# 打破僵局
## 撬动疲软市场的五个方法

［美］惠特尼·凯斯 著
侯景华 高文艳 译

北京大学出版社
PEKING UNIVERSITY PRESS

著作权合同登记号 图字 01-2013-1530

**图书在版编目（CIP）数据**

打破僵局：撬动疲软市场的五个方法 /（美）凯斯（Keyes, W.）著；侯景华，高文艳译．—北京：北京大学出版社，2013.12

ISBN 978-7-301-23282-8

Ⅰ. ①打… Ⅱ. ①凯… ②侯… ③高… Ⅲ. ①企业管理 – 市场营销学 Ⅳ. ①F274

中国版本图书馆CIP数据核字（2013）第233100号

Propel©2013 Whitney Keyes. Original English language edition published by Career Press.

本书中文简体版由北京大学出版社出版。

| | |
|---|---|
| 书　　　名： | 打破僵局——撬动疲软市场的五个方法 |
| 著作责任者： | ［美］惠特尼·凯斯 著　侯景华 高文艳 译 |
| 责 任 编 辑： | 宋智广 代 卉 |
| 标 准 书 号： | ISBN 978-7-301-23282-8/F·3766 |
| 出 版 发 行： | 北京大学出版社 |
| 地　　　址： | 北京市海淀区成府路205号 100871 |
| 网　　　址： | http://www.pup.cn　新浪官方微博：@北京大学出版社 |
| 电 子 信 箱： | rz82632355@163.com |
| 电　　　话： | 邮购部 62752015　发行部 62750672　编辑部 82632355　出版部 62754962 |
| 印 刷 者： | 北京正合鼎业印刷技术有限公司 |
| 经 销 者： | 新华书店 |
| | 787毫米×1092毫米　16开本　15.5印张　159千字 |
| | 2013年12月第1版　2013年12月第1次印刷 |
| 定　　　价： | 42.00元 |

未经许可，不得以任何方式复制或抄袭本书之部分或全部内容。
版权所有，侵权必究
举报电话：010-62752024　电子信箱：fd@pup.pku.edu.cn

书评 PROPEL
Five Ways to Amp Up Your
Marketing and Accelerate Business

### 卡罗林·博伦（Caroline Boren）

阿拉斯加航空公司精诚营销和消费者支持部总经理

"惠特尼巧妙翔实地描述了有益于当今精明的营销人士的各种营销战略和策略，其中包括怎样使用、如何使用各种策略，同样重要的是指出了什么情况下不适合使用这些策略。通过惠特尼分享的实用技巧和真实案例，任何人都能够改善营销方法，更加有效地抓住客户，取得成效。"

### 诺曼·瓜达尼奥（Norman Guadagno）

Wire Stone公司总经理

"在无处不营销的文化氛围中，找寻新方法传播信息变得日益困难。幸运的是，惠特尼在书中提供了许多实用、可操作性强的方法来实现成功的商业营销。这本书反映了作者的激情和专业性，值得一读。"

### 玛利亚·罗斯（Maria Ross）

Red Slice公司创始人、首席战略家，《小型企业品牌化基础》作者

"在《打破僵局：撬动疲软市场的五个方法》一书中，惠特尼做到了只有少数商业作者能够做到的事：摒弃了既无法吸引客户，不能达到既定目标，又不能增加企业收益的营销理论，让那些厌倦了此类营销理论的企业管理者受益，以成果为动力将营销变成现实。惠特尼以实用有力的方式，使读者的注意力放在明确的行动方案上，并用切实的事例证明自己的观点。不论是街边店铺的业主，还是财富500强企业的营销人员，都可以从中受到启发，燃起营销理念的火花。清醒吧，商业领袖们：凯斯是业内富有经验的新声音，提供鲜活实用的指导，将战略转化为实际成果。"

### 罗宾·布洛克（Robbin Block）

营销策略师，"少管闲事"节目主持人，公共演说家，《社会说服力》作者

"《打破僵局：撬动疲软市场的五个方法》一书好比一边惬意地享受午餐，一边愉快地交谈，谈论如何改善生意。该书还引经据典，毫不吝啬地提供各种实例研究和奇闻逸事。这些实例清晰地阐明了众所周知的营销规则，并如和风细雨般地滋润心田，直到被消化吸收。单是"借助媒体和舆论造势""塑造强有力的伙伴关系"等章节就让本书值得一读了。"

### 琼·亚伯拉罕（Joe Abraham）

bosiDNA.com创始人，《企业家DNA》作者

"想要获得狂热的追捧和虔诚的客户，你绝对要读此书。惠特尼展示了不断被世界上最伟大企业和突破性创业证明的成功准则，《打破僵局：撬动疲软市场的五个方法》是每位企业家必读之作。"

### 朱丽叶·桑德（Juliet Sander）

华盛顿大学营销教师，桑德品牌文化公司创始人

"惠特尼将错综复杂的营销观念转化为简单易行的行销观点，让读者恨不得立即展开行动，开展市场营销。《打破僵局：撬动疲软市场的五个方法》一书充满了营销实例和营销途径，指导读者瞄准营销活动、自主创业、了解自己需要做的事，而不需要浪费时间。"

### 艾里克·泰勒（Eric Taylor）

艾里克·泰勒咨询集团创始人、商务执行官，畅销书《掌控营销世界》作者

"惠特尼·凯斯绘制了营销的成功蓝图，《打破僵局：撬动疲软市场的五个方法》一书为每一位企业经营者提供了工具、策略和行动方案，加速实施各自的营销计划。在解决营销困境的过程中，惠特尼明确地向读者指出实施营销的方法，效果显著。我非常同意惠特尼'营销永不止步'的观点。人人都与商业活动息息相关，这里的商业指的就是营销业。本书简明扼要，切中要害。营销不是'观赏性的体

育节目',从业者必须亲身参与到活动中来,亲手实践,制定活动方案和项目规划。《打破僵局:撬动疲软市场的五个方法》一书展示了在当今快节奏的营销游戏中获胜的法宝。买一本《打破僵局:撬动疲软市场的五个方法》,细细品读,然后开展重大行动'推动'营销计划,增加企业利润。"

### 安吉拉·海瑟(Angela Heise)
综合训练员、教练

"不论你从事什么行业,奉行何种营销策略,才华横溢的惠特尼都面面俱到,考虑到了各行各业,提纲挈领地给出了切实的步进式方案,提供了富有洞察力的案例研究,指导你如何加速商业发展。惠特尼给出的模块结构引人入胜,让你尽情地在书中畅游,找到最适合自己的方法。每章最后的'营销思维模式'环节简洁明了地做了总结,鼓励你将顿悟变为切实的行动方案。对于希望开拓市场、营销品牌的人,我极力推荐《打破僵局:撬动疲软市场的五个方法》一书。"

### 米歇尔·提里斯·利德曼(Michelle Tillis Lederman)
《亲和力的11条法则》作者,执行元素(Executive Essentials)公司首席执行官

"本书为品牌塑造和市场营销等问题提供了明确的答案,并与'亲和力11条法则'中的头号法则——真实法则紧密相连。书中,惠特尼以合作的方式,与客户、竞争者和媒体携手同行,走在行业前端。"

**史黛丝·安德森（Stacey Anderson）**

杂志《井井有条》发行人

"作为组织和生产力问题方面的专家，我非常喜欢《打破僵局：撬动疲软市场的五个方法》一书，因为书中充满了简单易行且有效的行动方法。营销经常令我不知所措，但是这本书却以故事的形式娓娓道来，让我了解了营销的方方面面，我迫不及待地想实施这些策略了。"

谨以此书献给
我所有的亲朋好友、最棒的同事、
卓越的客户和出色的学生

# 致谢

PROPEL
Five Ways to Amp Up Your
Marketing and Accelerate Business

感恩现在的拥有,才能把握未来的财富。

——作家 埃克哈特·托利(Eckhart Tolle)

没有大家的帮助、支持和鼓励,本书的写作便无从谈起。我非常感谢本书每章中提到的每一个人,感谢他们愿意分享各自的成功经历。下面仅列出一些成书过程中不断给予我帮助、让我将最初的想法变成此书的朋友们:

**必须要感谢**:米纳斯·凯斯家族(The Minas Keyes clan)。

**顶级代理人**:约翰·威利格(John Willig)。

**杰出的顾问**:史黛丝·安德森(Stacey Anderson),迈克尔·布拉斯基(Michael Brasky),迈克尔·柯伊(Michael Coy),米歇尔·克莱格(Michelle Craig),伊莉莎白·黛尔(Elisabeth Dale),芭比·哈尔(Barbie Hull),韦弗利·菲茨杰拉德(Waverly Fitzgerald),佩吉·费舍尔(Peggy Fischer),伊莱恩·朗恩(Elaine Long),巴

布·米纳斯（Barb Minas），凯丽·帕顿（Karri Patton），安吉·拉莫斯（Angie Ramos），玛利亚·罗斯（Maria Ross），曼雅·伽拉梅雅·麦克维（Mayna Sgaramella McVey），佩妮·威斯勒（Penny Whisler），玛姬·温克尔（Maggie Winkel），宋明业（Soon Beng Yeap）。

**事业出版社工作人员：**迈克尔·派伊（Michael Pye），劳里·凯利·派伊（Laurie Kelly-Pye），柯尔斯顿·达蕾（Kirsten Dalley），吉娜·塔鲁奇（Gina Talucci），凯拉·库姆佩尔（Kara Kumpel），杰夫·皮亚斯基（Jeff Piasky），韦斯·约西（Wes Youssi）（封面设计）以及所有幕后工作人员。

**法人团体：**阿拉斯加航空公司（凯若琳·博伦，博比·伊根，凯利·格斯，达比·柯克，柯蒂斯·科普夫，保罗·迈克尔罗伊，乔·斯普瑞格），美国运通公司（萨拉·梅隆，帕特里克·琼斯），微软集团（史黛丝·德雷克·麦克雷迪，莉萨·斯特拉顿），星巴克集团（阿丽莎·马丁内斯，科里·杜布罗瓦）。

**活力二人组：**乔什·凯斯（Josh Keyes）和丽莎·埃里克森（Lisa Ericson），斯蒂夫·罗兰（Steph）和里奇·罗兰（Rich Rowland），利兹·哈兹安都尼奥（Liz Hatziantoniou）和乔治·哈兹安都尼奥（George Hatziantoniou），塔米·纳西里（Tami Nassiri）和瓦利西斯·查马里迪（Vassilis Chamalidi），瓦尼（Vani）和达什·达科什纳姆迪（Dash Dhakshinamoorthy），阿德里亚娜（Adriana）和琳达·苏莱曼（Linda Suleiman），瓦耶特·巴蒂勒（Wyatt Bardouille），扬·奥斯

特曼（Jan Ostman）。

**Eagle-eye编辑**：艾伦·卡丁（Ellen Kadin），凯里·莱赫托（Kerry Lehto），莎娜·麦克纳利（Shana McNally），威利·奥沙利文（Wylie O'Sullivan），南希·威客（Nancy Wick）。

**必须要感谢的男士和女士**：克里斯汀·阿克耶尔（Kristen Akyel），罗恩·阿萨哈拉（Ron Asahara），大卫·博威（David Bovee），米歇尔·卜作妮（Michelle Buzzoni），希瑟·科雷亚（Heather Correa），劳伦·戴维斯（Lauren Davis），卡尔·福耶斯特罗姆（Karl Fjellstrom），艾米·戈德斯坦（Amy Goldstein），盖伊·古德曼（Gay Goodman），谢尔比·格雷格（Shelby Gregg），安·奎恩（Ann Guinn），乔什·霍兰德（Josh Holland），拉里·约翰逊（Larry Johnson），凯伦·克肖（Karen Kershaw），大卫·库比兹基（David Kubiczky），乔治·孟（George Meng），苏珊·米特斯（Susan Metters），乔恩·米苏拉（Jon Misola），巴里·米兹曼（Barry Mitzman），吉尼·帕伦特（Kini Parente），金姆·皮尔森（Kim Pearson），玛莎·佩里（Marsha Perry），莫莉·菲利普斯（Molly Phillips），苏西·普雷兹（Susie Prets），阿丽莎·伦奇（Arissa Rench），雷伊·萨博多（Rey Sabado），雅惠·哈顿（Masae Rhoton），阿伯特·特里斯金（Albert Treskin），塔米卡·文森（Tamika Vinson）。

**良好的管理类型提供者**：卡罗·安德森（Carol Andersen），乔治·博克斯（George Beukes），艾伦·比恩斯多克（Ellen Bienstock），

周文芳（Wing Foong Chew），克里斯汀·克利福德（Christine Clifford），乔治·卡库奥（George Gakuo），哈利玛·奇乌基（Halima Gichuki），罗扎娜·哈尼帕（Rozana Hanipah），丽莎·海尔布隆（Lisa Heilbronn），雪莉·米娜（Sherry Mina），伊冯（Yvonne Oh），莎姐炎·利亚兹拉哈曼（Sadayan Riazurrahman），格雷琴·温特罗布（Gretchen Weintraub），尼克·帕布（Nick Papp）。

**由衷地感谢**：芭芭拉·罗斯·夏多布里昂（Barbara Rose Chateaubriand）。

**商法支持**：丹·瓦高纳（Dan Waggoner）。

**多媒体工作人员**：布雷特·伦威尔（Brett Renville），安迪·洛（Andy Lo），安德鲁·摩根（Androu Morgan），"蛋糕会有的"芭芭拉·福哥特（Barbara Fugate），维贾伊·苏里希库玛（Vijay Sureshkumar）。

**摄影**：大卫·希勒（David Hiller）。

**营销俱乐部主席**：巴里·罗斯·莱因哈特（Barry Ross Rinehart）。

**要感谢的家族**：巴赫杜耶斯（Bardouilles）家族、埃里克松（Ericson）家族、纳西里（Nassiri）家族、皮门特尔（Pimentel）家族，惠顿（Whiton）家族。

**爱人**：乔尔·夏皮罗（Joel Shapiro）。

**来自家乡的支持者**：巴奈特（Les Barnett），玛丽莎·克莱格（Mariza Craig），凯蒂·乔里（Katy Jolley），基思·斯通（Keith

Stone），丹·乌尔佩尔（Dan Voelpel）。

**无条件的爱：**多米诺（Domino）。

**作家朋友：**凯伦·伯恩斯（Karen Burns），米歇尔·古德曼（Michelle Goodman），米歇尔·提里斯·莱德曼（Michelle Tillis Lederman），盖尔·马丁（Gail Martin）。

# 推荐序 PROPEL
Five Ways to Amp Up Your Marketing and Accelerate Business

从业25年来，我有幸参与并引导了服装业一些顶级品牌的升级、打造和重组工作，其中包括诸如Levi's、梅西百货、美国最大的服装零售商盖璞公司、美国第一行政品牌安·泰勒·洛夫特和著名服装品牌汤米·巴哈马等服装业巨擘。同时，我还有幸就如何打造成功的品牌为资深企业家献计献策，谈到这里，自然就要说说我和惠特尼·凯斯（Whitney Keyes）相识的过程。

彼时，在一次创业研讨会上，适逢我主持营销专家小组面谈，惠特尼刚好是专家组成员之一。在讨论过程中，惠特尼对营销表现出无与伦比的热情，感染了在场的每一个人——她熟知营销战略，幽默风趣，又充满实干态度。与会人士踊跃学习她分享的成功经验，她也给我留下了深刻的印象。我深为她独到的营销方式所鼓舞，于是便与她取得联系，共同探讨未来的咨询项目并举办商业研讨会，从那以后我们就成了同事。

惠特尼认为：经营一家企业，不论规模大小，其中所遇到的挑战都是如何在完成经营工作的同时完成对企业的统筹规划。这一真知灼见产生了非凡的影响力，她也因此实现了业务拓展目标：她不但在微软集团等商业巨头内部领导营销团队，并且还应美国国务院之邀在马来西亚和非洲举办女性创业讲习班。不论是在千百名观众面前发表主题演讲，还是在大学课堂里传道授业，她的理念和成功途径始终如一：以简明、连贯、富有战略性的方式制定切实可行的发展规划，推动企业不断前行。

最近，我把一位客户介绍给惠特尼，并欣然见到惠特尼于本书之中分享的观点获得了鲜活的生命力。这位客户是名企业家，正在生产创意礼品卡，但是对于从何处入手打开产品的营销市场一筹莫展。她一面在Facebook上发帖，想方设法地把信息保持在置顶位置，一面撰写博文来推销创意礼品卡，着实无力聘用昂贵的营销代理。然而仅仅通过一次谈话，惠特尼的独到见解就让该企业家有效地弥合了长远战略目标与当下创造更多利润的迫切需求。惠特尼指导她如何迅速使产品获得有影响力的买家和时装精品店主的青睐，激励她参与实习以直接获取营销经验和免费的公关帮助。

谈到这里，就不得不说我为什么如此钟情于此书了，原因在于拥有本书，就好比惠特尼亲身参与到你的团队中一样！这本书内容清晰明了、文笔优美，并且介绍了如何制订成功的市场营销计划、赢得客户，列举了制订计划的步骤。惠特尼的"获取市场的五大方法"是获取市场的法宝，为企业提供了行之有效的实践框架。遵循"获取市场的五大方法"，任何企业都能迈向成功。

拥有此书还有另外一个好处：这五大方法的实施顺序并不是按部就班、一成不变的，而是可以根据具体需求相应地改变顺序，使任何业务生命周期都可以随时随地参照这五大方法运转。实际上，企业可以温故而知新，每次参照这五大方法都能取得预期的满意效果，不论是更加专注于品牌战略的改善计划，或是在原有基础上扩大品牌影响力，甚至是于获得新知的基础上重新开始都屡试不爽。

快速地培育精明的营销理念，并将这些理念有效地应用到实践中，获取成功，这就是惠特尼精神。不论是与财富500强企业合作，还是与非营利组织携手，她都是这么做的。希望各位读者享受阅读《打破僵局：撬动疲软市场的五个方法》一书，并将自己的理念付诸实践。祝愿各位马到功成！

玛姬·温克尔（Maggie Winkel）

耐克集团营销部总监

## 自序 PROPEL
Five Ways to Amp Up Your
Marketing and Accelerate Business

从最近的社交媒体宣传到老式的宣传噱头，营销手段包罗万象，营销极可能改变公司的效益。由于每个组织的独特性，营销活动成功与否的关键在于是否拥有独特的营销准则。虽然，幸运的是，独特的营销准则不像解答数学微积分问题般复杂，但也并非像小学数学那么简单。在营销世界里，二加二并不总是等于四，也不存在一成不变的万能法则。至今，我还从来没有见过能够每次都令所有客户百分之百满意的服务，更不用说愿意百分之百地提供积极反馈的了。完美的计划虽然不存在，但是创造合适的营销等式却是有迹可循的，这是推动企业前行、实现营销目标的前提。

从某种程度上讲，行之有效的营销就像拼图游戏：要把所有的零部件组装在一起，最理想的效果就是使之与示意图完全匹配。但是与熟悉的拼图游戏又有差别，营销拼图的组成部分在组装过程中随时可能发生变化。例如，每年你都会在300名鼎力支持者中举办年度资金筹集活动，但是每年公司面临的问题并不相同。因此你需要与时俱进地更新营销方法，从而能够调动相关方积极地参与到活动中来，促使他们捐资出力。

正是因为营销拼图没有固定的出牌模式，中间挑战重重，甚至令人茫然若失，才让营销游戏变得激动人心。营销活动也可以非常有趣，除此之外还有什么商业活动能够让你有机会举办派对、设计商标、订购酷酷的T恤，在Flickr网上分享照片呢？现今营销活动最棒的一点就是竞技场地已经公平化，成功不再单纯地依赖资金多少和企业规模，企业规模完全无关紧要，重要的是拥有精明的营销手法，而这是人人都可以做到的。

以凯·平井（Kay Hirai）为例，凯是一位动物爱好者。听说有600多只成年狗和幼犬在三所繁殖场里遭到虐待。虽然该地区所有的动物收养所都积极采取行动，试图挽救这些可怜的狗（其中包括一家名为金吉宠物救助中心的小型非营利性组织），但是狗狗们身体虚弱，迫切需要医疗护理，否则将无法适应收养。当凯从网上得知金吉宠物营救中心无力支付日益增加的兽药和其他救治费用时，她毅然决然地决定提供帮助。

在帮助困境重重的宠物营救中心、挽救病狗生命的过程中，凯竭尽全力发起筹款活动。她号召朋友、客户和邻居到她的美容院"904

工作室"进行募捐。100多个人应邀参加，当他们看到其中16只病狗的悲惨境遇后，决定共同为营救事业出资出力。短短几小时内，与会人士敞开胸怀、打开钱夹，最后共为金吉宠物营救中心病狗康复计划筹集到1万多美金。

现在，人人都能够在世界各地发布新闻，并且操作极其简单。你可以在Facebook上向5万人宣传一项活动，也可以制作视频在YouTube上进行宣传，这样的营销活动区区几分钟就完成了。对于那些对科技应用不够娴熟的人，或是那些无法使用科技手段的人来说，线下可供选择的营销活动仍然非常多，同样可以促进企业发展。

## 营销误区

即使所有这些有力的营销工具和技巧都能用上，一些人还是会走入营销误区，不仅浪费了宝贵的时间、金钱和人力资源，而且还毫无成效。我见过一位企业家耗费巨资为客户定制网站，最终却仍旧搔头不解，不明白为什么网站的浏览量毫无起色。大公司也会在营销上犯错。比如全球著名团购网站高朋网在美国橄榄球超级杯大赛期间斥巨资做电视广告，但却因此得罪了数亿观众。虽然这家每日提供优惠券的公司善后工作做得很到位，迅速撤销了广告，继而首席执行官公开道歉，但是营销预算已经支付，损失也已经造成。超级杯大赛后的一个星期，其他广告商，包括GoDaddy.com和大众汽车等播出的赛间广告促使独立访客人数直接上升了41个百分点。但是高朋网却进展平平，网站浏览量只提高了3个百分点。

不错，人人都能够开展营销，但是成功与否在于如何营销，如何最有效地使用这些工具以取得成效，并不断地向目标迈进。我在小型企业管理局举办的社交媒体研讨会上发表演说时，一位与会的女士给我留下了深刻的印象，至今我仍难以忘怀。会议刚一开始，她就举手发言："虽然我不愿意承认，但自己的确太落伍了。我还没从事过营销，但是我知道应该使用Twitter做宣传，可我就是不知道该从何入手。"我详细询问了她的企业状况后，开始介绍发布Twitter的步骤。事实上，她之前是老年保健护士，直到去年她刚成立自己的公司，为老年人提供上门的看护服务。但她既没有清晰的营销计划，也没有稳定的客户基础。表面上看，她的客户应该是八九十岁行动不便的老年人，如果这样的话，用Twitter来宣传公司就完全没有意义了。但是仔细想想，她对客户群的定义不免存在误差：影响父母决定使用何种个人护理服务的往往是那些使用Twitter的成年子女。但是无论如何，现阶段使用社交媒体宣传对她的公司并没有显著的效果。

最后，我说服她暂时放弃花费时间和精力学习发布Twitter，鼓励她先与老年中心、医疗诊所和当地医院建立合作关系。因为那里的专业人员更容易认可她的专长，而且只有亲眼见识过她的专业能力，才可能愿意让她在医院为老年人开展宣讲会，才有机会将潜在客户介绍给她。如果不了解基本的营销概念和营销方法，便很容易犯和那位女士一样的营销错误。

## 自 序

许多人在营销上犯错误,并不是因为他们没有能力,而是因为他们对营销的理解有误。实际上,根据美国小型企业管理局研究显示,企业失败的原因十之八九在于对行之有效的营销手段缺乏基本的了解。当然,大企业也莫不是如此,根据对财富100强企业和福布斯200强企业资深营销高管的最近一项调查显示,只有11%的企业高管认为自己的公司具有"非常有效"的营销手段,尤其是就现有的营销策略中是否融入社交媒体等新营销手段方面而言。下面列举五个企业最容易踏入的营销误区:

### 1. 急于求成

类似下面这样的话我不知道听了多少遍:"昨天我给20家电视台发送了新闻稿,但是一家都没给我回复,应该是对这个没有兴趣吧!""我辛辛苦苦写了几个小时的博客,居然一条评论都没有!"确实,我们生活在即时的感恩文化之中,但是如同我之前提到的一样,营销是一场不可预知结果的游戏,你永远不会准确地知道什么是有效的,也不知道何时能够看到成果。

我曾为体育用品行业的一位客户建言献策。我和客户试图通过在诸如《男士健康》(Men's Health)《户外》(Outside)之类的全国性发行杂志上发表关于该体育用品的正面评论来推广产品。就此需求,我给一名记者发了封电子邮件,但一年后才收到他的回复。这名记者告诉我,他认为这个想法非常棒,但是那个雨天他因为无法找到独特的新闻视角,所以就把这事置之脑后了。

营销过程中过早放弃，只能让你行之不远。有些时候，耐心点、花点时间就能获得巨大成功。话虽如此，本书全都是关于迅速取得收益的方法，因此如果你的营销方案无效，那就要弄清楚什么时候该放弃，尝试新路径。就上面那个案例而言，我当然也不是傻傻地等着那位记者的答复，而是继续通过其他媒体营销渠道获得客户，取得令人满意的效果。

## 2. 过犹不及

Twitter、Facebook和点评网，天啊！有些人觉得只要能促进公司发展，可以采用任何手段。他们拼命地寻找营销成功的秘密，但对每种方法不是浅尝辄止，就是过度坚持：听到同事提及一种方法便立即尝试，看到新闻上提到的新趋势便竞相追逐，漫无目的地在YouTube上投放视频，活动策划一项接一项地进行，建立线上比赛、美化网页、降价促销等无所不用。但是如同走进糖果店的孩子和吃自助餐的老人一样，若不懂得加以控制，往往会过犹不及。由于营销方法过于分散，同时做的事情又太多，摊子铺得过大，付出的努力和得到的回报不成正比，这难免让人感到郁闷。

通常，要针对不同的受众采取不同的营销技巧，但是这并不意味着可以乱用技巧。营销方法混乱通常会使你蒙受惨痛的代价。虽然听起来有些违背常理，但是遇到重大商业发展挑战时，不仅不能继续努力，反而要慎重选择正确的努力要素，正确地运用才能解决问题，推动营销活动走向成功。成功来源于适当地实施正确的营销活动，而不是开展不计其数的营销活动。

### 3. 过分痴迷

人们常犯的另一个营销错误就是将所有鸡蛋放在一个篮子里（采用千篇一律的营销方法），过分痴迷于流行的新营销手段，或者将注意力全部集中在错误的营销方法上。这种方法虽然简单，但是应该避免形成强迫型营销关系。我的一位客户将这种方法称之为"乌鸦症"：总是寻找最闪耀的物品，从最容易、最方便、最有趣的活动着手做起。目前在最令人痴迷的营销手法中，社交媒体营销位于首位。许多公司认为社交媒体是宣传公司、获取客户的最佳途径，但事实并非如此。盖洛普民意测验对约两万社交媒体用户进行调查，结果显示，社交媒体在影响客户想法方面成效最微，尤其是人们对产品和服务知之甚少的时候，这种影响几乎为零，人们更信赖亲朋好友推荐的产品和服务。

当然，应该考虑把Twitter和照片分享网站Pinterest等社交媒体新宠作为重要的营销工具，因为这些社交媒体便于使用，但这也只是千变万化的营销拼图中的两个组成部分。对于一些组织来说，将营销活动大部分投放到Pinterest网上很有成效，但是对于另一些公司来说，这么做却毫无意义。所以，最重要的是，适当地整合营销工具和营销手段，才能有效地获取客户。记住：应该关注客户需要，而不是自己想做什么。

### 4. 不知所措

有些人出发点是好的，想多做点营销活动，他们的目标非常明确，工作安排周到、细致，甚至所有适用性研究都显示这么做没有错，但就是迈不出第一步。面对众多的营销选择和营销工具，他们一筹莫展，不知如何下手。一些人生来就患有拖延症，享受权衡利弊的过程，分析眼前整个形势，即便是在给客户发送随访邮件时也迟迟不能按下发送键。毕竟每天的时间有限，如果回顾的时间太长，花太多时间品味一路走来的每一个完美瞬间，那么最美好的瞬间只会从指尖溜走。很多人对营销望而却步，最终只会阻碍公司新的发展，这样的例子我见过的太多了。

### 5. 过于自负

很多合作过的企业家，特别是刚开始创业的人和小型企业业主都过于自负。别误解我的意思，他们特别熟悉营销的基础，也制订了完整的商业计划，手里还握着一沓出色的商务名片，而且还有良好的营运网站和非常酷的商标。他们常说："客户已经足够多了，为什么还要花费时间和财力投资营销呢？"既然已经荣耀加身，便在工作中把营销这项一笔勾掉。我却不这么认为。只有把营销作为企业必不可少的商务活动，始终融入商务活动之中，才能取得最佳效果。事实上，营销活动永不止步。

所有这些营销误区说明了一个重要事实：尽可能获取更多的一手营销信息，了解营销是什么、如何行之有效地开展营销，这对取得成功至关重要。美国营销协会网站是获取一手营销信息的最佳起点，该网站对营销的概念做出了明确定义：

"（市场）营销是指在为客户、顾客、合伙人和社会大众创造价值的过程中，企业所进行的有关产品生产、流通和售后服务等与市场有关的一系列经营活动。"

这确实是对营销全面、准确的解释。但是为表明我的观点，下面的定义更为简洁。在我的研讨会中95%的参与者都这样定义营销：

"推广你的产品和服务的活动。"

小到咖啡店布告栏里张贴的广告单，大到公司主页上发布的客户证言，甚至是邮箱签名或是语音信箱签名，都可以成为营销的工具。

从建立名人品牌（如著名脱口秀主持人奥普拉·温弗瑞）到推广企业标识（如迪士尼乐园），市场能够激发无限潜能，正确使用它们可以影响人们的心理，让人们松开紧握信用卡的手。因而我给出的营销定义完全在于如何将基本的交流转变为更具战略性的活动：

"针对目标受众采取的准确提升产品、服务和信息的有计划的活动。"

过去，营销主要用作销售工具，是实现目标的手段，是销售产品、获得更多客户所需的方法。完成销售配额，销售！再销售！不断地销售！看一集流行电视剧《广告狂人》就知道我说的是什么意思了。营销成果可以被量化，数字是衡量企业成功的推动力。但是营销要做的事更多，营销更强调通过关系营销与客户建立联系。正如环境保护人士被称为"抱树人"一样，当今时代也很容易被称为

"抱客户"的时代。利用营销创建正确的客户体验对于企业的成功至关重要。

责任也是现代营销的重要因素。客户希望企业实实在在地说明自己的意图，坦然地行动。营销不仅要创造利润，还应该对社会产生积极影响，甚至在某些情况下还应该有利于环保。大多数全球性公司都致力于通过各种商务活动创造和沟通道德标准，这些商务活动中便包括营销活动。

虽然时代变了，太多企业却还在玩单纯的数字至上的游戏，他们只关注Twitter上粉丝的数量、每条微博上收到的评论数量，对于营销活动的质量、保持与既有顾客之间的真诚关系却关注甚少。因而，往往会错失很多机会。

## 庞大的营销跨界混搭：广告、品牌塑造和PR

明白了这些关系，营销重在采取行动。掌控营销就好比获得了一大批推动企业发展的助力，其中包括营销活动、价格结构、包装、广告宣传、分配方法和媒体关系。说起营销，从包罗万象的方法到实际运用的营销工具和技巧，人们的想法往往杂乱无章。人们经常把广告、品牌塑造、PR（公共关系）和营销混为一谈。因此，我将简短地对这些术语和营销技巧进行澄清，确保我们能够达成共识。本书的后半部分将详细介绍其中的一些术语，我在这里先快速地理顺这些术语的含义，以及它们之间的区别。

**营销VS广告**

如果营销是行动，那广告就是你实施行动所采取的具体工具，它只是你赢得理想客户、受众和目标市场所做的事情之一，你怎么称呼它并不重要。广告可以抓住目标客户的注意力，这些客户可能是观众、读者或听众，这取决于你投入的广告类型（电视、网站、报纸、广告牌等）。在一些情况下，营销可以是免费的，比如某个客户在朋友面前美言几句，也就是所谓"口碑营销"。但是广告总是需要付费的，因此对于已经支付的广告你享有99.9%的控制权。例如，如果你决定在当地商业杂志上投放平面广告，就会知道广告的确切尺寸、广告的内容、广告谈论的话题，甚至可能是广告出现的版面。广告只是众多可选的营销工具中的一种。

**营销VS品牌塑造**

如果营销是行动，广告是工具，那么品牌塑造就更像是产品印象或顾客对产品的整体感觉。品牌就是通过营销活动和营销工具影响客户对产品和服务的所想、所感、所做的综合体验，这是企业独特的人格，能够并且应该在营销活动的方方面面中体现出来。对于星巴克这样的公司来说，品牌塑造可不仅仅是凭借众所周知的美人鱼商标，而是在公司的零售区域，通过播放的背景音乐、墙壁上悬挂的壁画，甚至是洗手间里使用的香皂和纸巾等传递出来的。有效的品牌塑造能够引导客户的所有行为，影响他们做出每一个营销选择。在第三章将对此进行详细介绍。

**营销VS PR**

与需要付费的广告不同，PR通常被当作是免费的营销工具，因为其中包括通过新闻报道等方式进行企业宣传，而不需要支付广告费。从新闻稿到宣传技巧，PR有助于管理信息流、与公众分享信息。PR以最富有战略性的方式进行沟通，利用说服的艺术、促销的力度来创造、维持或恢复企业形象和声誉。第七章将详细介绍如何与媒体合作、利用PR巩固市场地位。

## 获取市场的五大方法

我之前已经讲过，每个企业的营销困境各不相同，因而并不存在万全的营销方法，但是确实有一个屡试不爽而且绝对可靠的巧计。不论你是努力让更多客户参与到室内活动中来，还是靠吸引手段增加网站的浏览量，都可以使用这个技巧，这有助于增加企业吸引力，产生重大成果，促进企业朝着正确方向不断前进。

在职业生涯早期，我曾担任微软集团高级营销经理，那时候很多人认为微软处于事业的巅峰。我的工作内容繁多，种类各异，既有开发价值80亿美元的产品，也有为比尔·盖茨接受《华尔街日报》(Wall

Street Journal)采访提供建议。那时候，公司员工接近9万，拥有的产品数量约100种，收入约400亿美元，我领导的团队成功地完成了数百亿美元的预算，开发出了全球性的市场营销方案。

从那以后，我非常幸运地有机会和各种规模、处于各种发展阶段、各种行业的企业合作，帮助美国运通等财富500强公司、马来西亚沙捞越州开发协会等非营利组织，甚至是在世界上最大的贫民窟之———基贝拉贫民窟卖肥皂片的商人。与世界各地成千上万家企业交流之后，我发现它们有一个共同点：每家企业都需要迅速有效的营销方案，帮助企业进步。

说来已经十多年了，我总结出一套核心营销方法，并将其运用到非营利机构、企业、小型企业和学校中去。事实上，任何希望创造成果的人都可以采用。任何企业的成功都离不开以下五个方法：

- 总体战略
- 打造品牌
- 取己之长
- 简单明晰
- 保证速度

这五个方法搭配使用能够激发无限的营销潜能，每次都可以创造新机遇。

**方法1：总体战略——精心规划，取得成功**

营销可以非常有趣，可以富有创造力，但是最终还是要靠精明的方法和精心的引导。问题在于，大多数人都能够提出各种奇思妙想，但没有确定营销活动的轻重缓急，因此所有努力最终都付诸东流。第一个方法帮助你三思而后行。本书第一部分将带你设想企业未来的发展前景，制定清晰、切实可行的营销目标，实现企业发展目标，还将展示搜集企业信息和市场关键信息的战略及方法。有了这一前提，才能做出适合的营销策略，为未来的成功打下坚实的基础。

### 方法2：打造品牌——抓住举足轻重的客户

营销成功的第二个关键在于品牌塑造。通过真实的案例研究和访谈，你将学会用新方法塑造最佳品牌。首先，我将展示如何白手起家建立品牌或稍稍改进现有的品牌；然后才能确定最有利的条件，花时间研究最理想的客户，寻找产品和服务收益最多的人群；最后，将所有这些要素整合在一起，在适当的时机以适当的方式向适当的人群讲述最佳品牌的故事。

### 方法3：取己之长——广而告之，事半功倍

本书第三部分讨论的问题实质就是合作。团结协作开展营销活动，成功的概率才会更高。这一部分将展示与客户良好沟通的有趣方法，以及如何与企业和个人建立强有力的伙伴关系，如何与媒体合作，如何获得具有影响力的人力支持，帮助你达成目标，扩大影响力。还将解释为什么没有必要单枪匹马，营销如何从团队及与虚拟团队合作中受益。

### 方法4：简单明晰——计划简洁，实施周密

真正做起来的话，营销并没有那么复杂，但是人们犯的最大错误就是把奇妙的想法变成复杂的计划，每一个步骤都过分思考，最后制定出了费解难缠、花上好几个月才能完成的计划。本书第四部分将介绍如何合理制订营销计划，分享让营销尽量简化，甚至是不费吹灰之力的方法，还提供了一些富有成效的营销方法和技巧，助你全神贯注地实现目标。

这一部分还将展示如何正确地利用现有资源。

### 方法5：保证速度——加速实施，果断前行

营销不一定受时间限制。要在短期内产生积极影响可以做的事情很多，实际上，眼下这一分钟里能做的事也不少。本书第五部分将转变你的计划制订方式，讲述如何将想法转化为能够产生成果的行动。这一部分将综合营销拼图的最后几块拼图，让你从营销活动中产生即时业绩；学会如何在营销过程中衡量进步、评估成果，这样在实施营销计划时就可以适当地修订路线，保证营销不断地向成功迈进。

## 注意事项

我把上述这五个方法作为本书的核心框架和支柱。本书每一部分包含一个营销方法和实施该方法的相关章节，帮助你把概念转换为

可实施的营销计划，推动企业发展。不论你多么了解营销，从事营销工作多少年，又或是在商学院拿到了多高的文凭，本书中一体化的方法都能帮助你取得成果。不论你是关注社交媒体，还是传统的营销途径，始终如一地运用这五个方法就能帮助你迅速占领市场，增强品牌忠实度，产生更多收益。

本书是在传统的商业计划书的基础上略加改动而写成的。你可以按任何顺序随意取用书中的话题和工具，它们能够帮助你快速建立有效、完整的营销方案。如果你善于直线型思考，喜欢一章一章地按顺序阅读，或是喜欢按时间顺序阅读，或者是按逻辑顺序阅读都会有收获。如果你现在正迫切希望宣传企业，关注的是经营媒体关系，请直接跳到第七章。你可以根据自己的需要随意选择本书的阅读步骤，毕竟是你的书，怎么读都是你说了算。

在当今时代，营销永不止步，此时此刻可能就有人正在谈论或在Twitter中提到你的公司。因此本书的设计思路就是要简便易读、容易吸收、便于应用。书中的很多营销工具和技巧在一个小时之内就可以完成。为最大限度地节约你的时间、迅速应用书中所学，每章结尾部分都有一个"营销思维模式"版块，本部分包含5个问题，请在第一时间写下你的答案，它有助于你快速把握企业营销发展脉搏，衡量营销发展进程。

榜样的力量很强大，我在他们身上学到很多，因此我努力寻找真实、生动、有价值的案例收入本书里。我做了大量的研究，采访了世界各地的企业家，因此每章都有行政主管、企业家和行业精英分享的成功诀窍和经验,而且每一个案例都经过精挑细选,让你能清晰地看到这些成功人士是如何应用本书中的核心营销方法,并利用这些方法为企业创造成果的。

我还要澄清一点:本书是为庞大的营销人群而写的,希望有更多的人能够读懂这本书。书中涉及的营销案例和营销方法适用于创业初期的企业管理者、非营利组织的董事、公司业务经理、营销专业的学生、小型企业主、自由职业者和介于其间的各色人群。因而,本书交替使用"企业""公司""组织"等词语,希望在阅读过程中,读者根据自身的情况选择合适的词语进行替换。"客户""顾客""支持者"和"成员"等词语也是如此。

说到用词,最后还有一点需要说明:本书几乎每章中都会出现"前进""迈向新台阶""获取成功""获得最好成果"等短语,我是有意为之的。这些短语都旨在说明通过有效的营销手段就能获得成果,但每位读者要实现的组织目标不尽相同,可能是在Facebook上增加上千名粉丝,也可能是创收一百亿美元。虽然我无从得知你想通过营销达成什么样的具体目标,但是我清楚地知道拥有明确的组织目标是成功的关键,所以第一章中会先定义这些词汇,然后再说明如何运用营销手段推动企业"前进""迈向新台阶""获得最好成果""实现成功",不管你习惯用什么样的词语。

本书的最终写作目的是帮助你重塑营销理念,告诉你营销并不一定是复杂、昂贵或耗时的,而基于战略规划、出色的品牌故事、牢固的合作关系、简单易行的计划和具有高效执行力的营销活动势必会取得成功。适当的实施会为企业带来最好的成果，营销不仅能为企业带来基本的收益，保持客户对品牌终身的忠诚度，还能让你的努力获得回报。

惠特尼·凯斯

目录

PROPEL
Five Ways to Amp Up Your
Marketing and Accelerate Business

## 第一部分
## 总体战略——精心规划，取得成功　001

· 第一章 ·
**事分轻重缓急**　003
愿景　004
使命　006
价值观　007
目标　010
目的　011
SMART目标　012
目标与目的相结合　014
梦想与目标的区别　015
创作人士同样需要目标　015
常见问题　017
积极主动与消极被动　018
把握时机　019
使用计分卡　019
分清轻重缓急　021

·第二章·

**绘制成功蓝图** 023
步骤一：抓住事实 024
步骤二：进行分析 029
步骤三：深入挖掘 031
多久进行一次SWOT分析？ 037

第二部分
**打造品牌——抓住举足轻重的客户** 041

·第三章·

**打造自主品牌** 043
第一步：列出品牌属性 047
第二步：创建品牌形象 048
第三步：创立传播框架 050
第四步：创建一套多媒体品牌化指南 054

·第四章·

**寻找合适市场** 059
目标市场和特定市场 061
创建顾客群 062
顾客关系管理 065
如何取得目标市场信息？ 066
没有市场怎么办？或者想改变目标市场该怎么办？ 068
为特定市场量身定制营销活动 070
特定市场的利与弊 072

## 第三部分
## 取己之长——广而告之，事半功倍　077

·第五章·
**影响客户**　079
需要更多客户吗？　081
维持现有客户　083
关系循环　083
"良好的"关系是什么样的？　087
培养贵宾顾客　087
与客户建立更牢固的联系　093
口碑传播的营销　097

·第六章·
**塑造强有力的伙伴关系**　099
建立伙伴关系的好处　101
合作关系、战略联盟，还是通力协作？　102
标兵网络公司　103
格雷格·库切拉画廊　104
合作关系中该寻求什么？　106
阿拉斯加航空公司——第一条鱼　107
何处寻找合作伙伴？　109
与竞争对手合作　113
年轻的科学探索者　115

·第七章·
## 借助媒体和舆论造势  119
媒体生活体验日  122
宣传的力量  124
六月小虫婚礼网站  125
什么事件具有新闻价值?  126
怎样宣传?  130
使用新闻专线服务  134
滚雪球效应  136

第四部分
## 简单明晰——计划简单，实施周密  139

·第八章·
## 创建行动方案  141
结婚就有希望  142
制订营销计划的五个步骤  145
Audiosocket公司  152

·第九章·
## 积跬步以至千里  155
积跬步以至千里——慈悲的厨师  157
衡量有利条件的10种方法  162

## 第五部分
**保证速度——加速实施，果断前行** 175

·第十章·
**迅速取得成果** 177
阿拉斯加航空公司——税款减免 178
毫无进展？ 181
投资回报率和影响力 183
"隐形的孩子"公司 185
监督并分析成果 187
活动调查 193
最终评定 195
美国运通公司 195

后记 199
索引 202

# PROPEL

Five Ways to Amp Up Your
Marketing and Accelerate Business

## 第一部分

# 总体战略
## 精心规划，取得成功

斯蒂芬·R. 柯维（Stephen R. Covey）

商业生活中，企业很容易陷入各种陷阱，在通往成功的阶梯上努力攀登，最后却发现梯子靠错了墙。

憧憬成功蓝图并设定清晰的目标，是取得营销成功的第一步。定义目标的过程包括熟悉工作环境，如所从事行业的复杂细节和行业外的信息。忽略这些起始步骤就好比在对建筑一无所知的情况下建造房屋。大多数营销活动之所以失败，就是因为目光短浅，缺乏具体目标，还有一些是因为虽然计划很周详，但实施时机不佳或环境不适合。

本书第一部分将讲述如何精心考量、更加仔细地制订营销计划。制定营销战略能够帮助你绘制成功蓝图，在所属市场内确定完整的营销目标。

第一章将讲述如何预想需要达成的目标、识别取得成功的方法，然后将天马行空的设想缩小至易于管理的范围，同时还要学会避免目标设置中最常见的误区。

第二章将介绍定义成功蓝图或企业现状的重要性。只有仔细审视自己的企业、竞争环境和整个行业发展状况，才能确定挑战和机遇，进一步细化营销范围，以便营销更加有效。

在你准备卷起袖子大干一番之前，预先确定营销计划的轻重缓急、准确地掌握事态的发展有助于建立坚实的发展基础。制定总体战略有助于确保持续关注最重要的目标，进而找到最有力的发展位置，帮助企业实现最终的成功。

# 第一章
# 事分轻重缓急

塔米卡·文森（Tamika Vinson）从事金融服务顾问工作，帮助学生熟悉金融系统，以确保拥有充足的资金追寻各自的教育梦想。但是塔米卡却怀揣着自己的梦想：明年她打算开设一家名为iChelle的女性零售店。像她这样想创业的人还有很多。根据邓白氏公司（Dun & Bradstreet）2011年就小型企业发展现状发布的一项调查显示，尽管经济衰退，美国却迎来了十几年来创业的最高峰。塔米卡已经在思考如何以最佳方式告诉潜在的客户，达到宣传自己新店的目的。但是进行宣传之前她清楚地知道自己需要制定出长期的企业发展愿景。毫无疑问，她的想法非常正确。

之前已经提到过，营销过程可以非常有趣。你能做很多富有创意的事情，比如制作视频、举行客户在线测试等，但这也是许多企业主挣扎在营销活动中的原因之一。他们并没有规划出企业的发展路径，不清楚怎么做才能取得成功，最终只是浪费时间和资源，营销活动没有取得任何效果，迫切渴望的成果也没有达成。

我保证接下来书中将描述各种各样、生动活泼的营销活动，但是现在，请不要思考那些具体的问题，只要敞开心扉，憧憬未来，勾勒广阔的前景，设想自己真正想要实现的宏伟蓝图，企业最终将去向何处即可。不论你是否相信，制定营销战略之前，首先要做的就是怀揣梦想。我倒是希望你天马行空地思考，设定非常崇高的抱负，也就是描述你的发展愿景。

许多人将愿景和使命交替使用，然而这两者的含义完全不同，虽然它们的终极目标都是激发灵感，全神贯注谋发展。愿景声明和公司使命是商业计划的基本组成部分，在营销计划中也扮演着重要的角色。概括地说，愿景描述的是未来的发展画面，而使命是此时此地促进你实现愿景的行动宣言。下面还会进一步介绍这两个概念，以便你能够明确两者在公司发展和营销计划中扮演的角色。

## 愿景

愿景应该是概述公司发展意向、愿望和理想的声明。这个词描述了公司展望的未来和公司眼中的完美世界，是未来战略性的努力方向。大多数企业的发展规划都以1~5年为期，但是有效的愿景声明应该设定更长的时间，可以是未来十年、二十年甚至是一百年之后。实际上，愿景可能永远无法实现，但重点并不在是否能够实现，愿景更像是一个梦想、一个鼓舞人心的预言，为你在远处的地平线上树立目标，虽然遥遥在望，但目前尚无法到达；可以鼓励你和员工，如果你对外分享，甚至还可以激励客户。改变世界吧！为孩子们创造更美好的未来！共同促进环境保护！这些都是梦想和愿景可以包含的内容。

我第一次接触这种愿景声明是在微软公司工作的时候。那时，比尔·盖茨为公司制定出了非常明确的愿景：让家家户户都装上电脑。

这个简单、明确的愿景声明达到了激励全球客户的战略目的，帮助了像我一样的所有员工。每个人都清楚地知道公司的努力方向，但是却不禁怀疑：我们能够实现这一目标吗？那时在行业中，这可是一个大跨步，但是这一想法让我们全神贯注谋发展，工作中加倍努力，希望有一天终能实现梦想。

愿景声明并不是一成不变的，而是需要改变和发展的。随着时间的推移，微软公司引进了微软游戏机、IE浏览器等产品，企业发展已经远远超出单纯地将软件CD盘装到机箱里，越来越多的人开始远程办公，开始使用移动设备，微软公司需要新的愿景声明来激励员工，振奋客户与合作伙伴。最终微软公司将愿景改变为：帮助世界各地的人们和企业实现全方位发展。这一势不可当的新愿景让微软公司更广泛地思索如何更好地帮助企业和个人，至今微软还沿用这一愿景声明。

下面是愿景声明的几个实例：

- 耐克："为全世界的运动员注入灵感和活力。"

- 善意实业国际集团（Goodwill Industries International）："确保人人都有机会施展最大潜力，参与社会生活，并贡献一己之力。"

记住：企业愿景是用来激励未来行动的，不应为现状所限制。在《要事第一》一书中，作者斯蒂芬·R.柯维这样描述愿景："愿景就是超越现实的远见卓识，开辟新天地，成为理想中的企业。愿景赋予能力让我们跳出空想的藩篱，而不是活在记忆中。"下面是小型企业实施愿景的案例。本章开头提到的即将成为企业家的塔米卡也为iChelle制定了发展愿景："创建全球认可的品牌，帮助塑造未来企业家，促进社会发展。"

iChelle的发展愿景包括开办企业的地点、企业对美国社会产生的积极影响等方面，对此塔米卡信心饱满，也做好了准备筹划下一步的战略发展计划：制定iChelle的使命宣言。

## 使命

如果你认为自己的愿景声明涵盖了成功指南，那么使命宣言就是行动宣言。从这个意义上说，使命宣言和愿景声明是互相促进的。使命宣言触及企业的核心目标，关系到实现未来愿景应该付出的努力。那么，采取什么行动才能拉近愿景，实现愿景声明的目标呢？

下面是"成功着装"（Dress for Success）公司鼓舞人心的愿景声明，希望能以此说明愿景声明和使命宣言是如何相互促进的。"成功着装"是一家致力于改善12个国家110多个城市女性生活水平的国际非营利组织,提供职业着装方案,设有人才留守计划、持续客户支持、帮助客户自给自足、取得职业成功等项目。"成功着装"的愿景宣言是:"提升弱势女性的经济独立性。"

仔细阅读该组织的使命宣言,就会发现它出色地阐释了"成功着装"计划如何采取行动、如何努力实现愿景声明。"我们帮助弱势女性找到工作,保住饭碗,掌握经济知识,提高健康和保健水平,实现自我价值。"

现在让我们重新回到塔米卡的故事中去。塔米卡也为iChelle实现长期愿景制定了使命宣言,指导当下采取正确的行动:"通过提供质优价廉的时尚商品和职业发展机遇帮助女性获得自信、舒适和美丽。"

现在明白塔米卡的使命宣言是如何支持其实现长期愿景了吗?最终她打算增设分公司,在品牌获得全国认可后或许会开设加盟店。她还计划通过创造就业、设立实习岗位来回报社会,虽然在创业的最初几年里这些目标暂时无法实现,但是她已经踏上了完成这些目标的道路。

## 价值观

真正有效的企业愿景声明和使命宣言必须反映企业的价值观。价值观是企业内部共享，有时候也适用于企业外部的核心信仰，其界定并决定了你的企业文化，并与愿景声明和使命宣言相辅相成。愿景声明、使命宣言和核心价值观三者构成了一个体系，有助于你更好地经营企业，制订更加精明、更具战略性的营销计划。

就个人而言，价值观在日常生活中随处都有影响。如果你重视健康的生活方式，价值观可能会在关注饮食健康、定期锻炼中体现出来，你还可能会报名参加健身俱乐部或约朋友每周散几次步。

商业价值观也是如出一辙，通常是列出一连串对于企业来说最重要的词语或声明，或是会指导和影响你的商业态度与行为的核心事物。例如，如果公司重视职业发展，那么就会支持致力于促进营销效能的员工，可能会让其在商会的专家研讨会上发言；如果公司重视工作与生活的平衡，那么周四让员工早点下班去参加业余品酒会也就可以理解了，利用这段时间去发现新酒品种，说不定还可以借此来建立新的互助网络，发现新的商业发展机会。

全食超市（Whole Foods）在北美和英国拥有310家以上的分店，是全球天然有机食品领域的领军者。全食超市出色地制定了一套核心价值观，准确地反映了对公司真正重要的事项，不仅支持了环境可持续发展、履行责任的企业愿景和使命，还为企业文化的最终形成奠定了基础。全食超市的网站上写道："许多人觉得全食超市令人兴奋，认为工作其中必定乐趣无穷，企业的核心价值观是产生这类情绪的主要原因，而且超越了我们的公司规模和企业增长速度。不论全食超市未来发展如何，保持这些核心价值观将会长久保持企业的特殊性。核心价值观是企业的灵魂：

- 销售最优质的天然有机产品
- 满足客户需求
- 成就员工的幸福感与卓越
- 通过效益和发展创造财富
- 关心社会发展和环境发展
- 与供应商创建持久的双赢伙伴关系
- 开展健康饮食教育，提高伙伴健康。"

现在你知道核心价值观是如何帮助全食超市制订更加精明、富有战略性的营销计划了吗？例如，全食超市博客的特色是关于盖亚草药的两分钟视频。盖亚草药是位于北卡罗来纳州西部蓝岭山脉的一家经过认证的有机药草农场，农场拥有250英亩的认证有机河底土地，种植了约50种作物，是美国最大的药草种植园之一。农场的存在直接支撑着全食食品超市的许多价值观，包括销售质量最好的有机产品、与供应商建立伙伴关系和满足客户需求等。

塔米卡还在为最终确定企业的核心价值观而努力，她知道iChelle要获得成功，满足客户需求，核心价值观应包括以下几个方面：

- 提供高质量的产品
- 提供优质服务
- 为员工提供支持和进行职业发展培训
- 创造温馨的实体店和线上客户体验
- 改善社区环境

## 目标

制定了愿景声明、使命宣言，确定了核心价值观之后，接下来就需要明确企业目标和目的。目标和目的如同指南针，指引企业正确的前进方向。进入新环境、遭遇新形势时容易偏离轨道，企业便可以参照目标和目的进行纠正。这样即使你稍微偏离了目标（如探索新的社交媒体工具）也很容易找到正确路径。

"目标"和"目的"这两个词也很容易混淆。先来说说目标：目标是愿景声明的更清晰的版本，形式多样，规模有大有小，既有长期目标又有短期目标，既有远大目标也有小目标，既有容易实现的目标又有非常具有挑战性的目标。目标始于何地并不重要，重要的是要先选定目标。例如，就个人层面来说，你的目标可能是到欧洲旅游、学会做蛋奶酥，或是享受更多的按摩服务。现在让我们言归正传，用商业术语来实践目标设置方法：

下面列出一些大家可能要实现的共同目标：

- 创造更多收益
- 保证更多客源
- 举办活动
- 开设第二家分店
- 制作网络视频
- 利用新闻增加知名度

- 增加网站浏览量

虽然塔米卡的公司还没有营业，但她已经清晰地定下了目标：成功地开办第一家iChelle公司。

注意到了吗，上述这些目标是不是都有些含糊不清？虽然言之有理，但是却过于宽泛，还有很大的空间可以制定更详细的细节，这时目的就要发挥作用了。

# 目的

营销中不可避免地要谈到目的，虽然这看起来有些呆板、老生常谈，甚至充满了军事化口吻。实际上，查查字典就知道，目标的第一个定义确实与军事用途有关："军事目标是特定战役、大规模作战或对部队下达的高级行动指令，期望效果清晰明确。"怪不得许多研究人员断言第一次真正的营销出现于第二次世界大战之后，那时候政府部门开始利用PR和营销作为教育和卫生项目的宣传和推广工具。

不论是不是在军事领域，目的都有助于你进一步实现目标，并以适当的方式帮助你衡量营销的效果。稍稍添加点动力，营销就可以更加清晰、可以衡量，比如设定目标完成时间，这样你就能更好地评价营销结果。在这里，我给营销下了个简单定义：在最后期限之前为实现目标而做的具体努力。

例如，如果你制订了减肥塑身的健康计划，仅仅凭借尺寸衡量健身效果会比较困难，何时进行衡量也存在问题。如果将目标具体细化为"从明天开始，三个月后我希望瘦十斤，衣服至少减少一个码"，这样的话，达成目标的概率就大了。明白我的意思了吗？就字面意思而言，这才是现在可以着手努力，并能进行衡量的目的。

## SMART目标

许多人会运用一个非常有名的工具，帮助将宽泛的目标转换为更为具体的行动步骤，这一工具被称为SMART目标。SMART是乔治·T.多兰（George T. Doran）于20世纪80年代提出的一个首字母缩写词，是由specific、measurable、assignable、realistic、time-related这几个英文单词的首字母缩写而成。乔治是华盛顿州斯波坎市华盛顿水利公司企业筹划部门的前任经理，他提出了这一缩略词帮助人们牢记准则，制定清晰明确的目标：

**详细具体（specific）**：确保目标的精确性和详细性，准确而详细地说明需要做的事情。

**可衡量化（measurable）**：提出与要做事情相关的量化数字来判断自己是否取得了进步。

**责任到人（assignable）**：确保每个要做事项都对应一个名字，这样即使不是你来做，也会知道谁做了哪项工作。

**实事求是（realistic）**：自己是否具备时间、资金和其他所需资源来完成任务。

**设定时限（time-related）**：给出完成项目计划的最后期限。

为了更好地理解如何将目标转化为SMART目标，可以参考塔米卡成功开设iChelle第一家分店的目标确认过程。塔米卡的目标听起来很不错，但是她怎样才能迈出第一步并最终实现目标呢？是应该先建立潜在客户邮件列表，创建Facebook页面？还是应该把新店开张的消息透露给当地媒体和博客作者？

塔米卡并没有试图猜测下一步做什么，而是花时间描述出公司的几个SMART目标。这些目标让她的营销活动更具战略性和高效能，推动其业务朝着既定方向前进。

下面是几个塔米卡SMART目标的示例：

1. 到2013年6月份为止，在华盛顿州连顿市兰鼎购物中心建造4000平方英尺的零售区域。

2. 确保顾客回头率在50%左右，第一次来此购物的消费者3个月内会再次消费。

这些目标具体吗？当然具体。可以量化吗？我想是的。可以指派人选吗？现在还只是待做事项，但是一旦开始创造利润，塔米卡就可以考虑将一些任务委派给员工，甚至是聘用专门的营销顾问，特别是为了实现第一批来iChelle购物的顾客回头率的目的。塔米卡说这些目的都是实事求是的，也是建立在自己的专业知识和可利用的时间与资源之上的。说到时间，目标和目的都有明确、可量化的时间限制。

## 目标与目的相结合

希望你能明白SMART目标是如何建立在原有目标基础上并更加具体化的，这样你才能真正开始大干一场。此外，你应该知道如何进行自我评估，判断自己是达成还是超越了最初目标。目标和目的应该相互促进，这样才能帮助设定预期成果，将最初的愿景声明和使命宣言转化为实实在在的具体观念和明确具体的实施步骤。

下面我举例说明策略性思考、目标与目的如何相互促进辅助企业发展的。有一家名叫Zoka的咖啡店，我很喜欢在那工作，那里销售各种各样的咖啡饮料，以及可口的点心和三明治。现在我们假设这家店进入了营业萧条期，这几个星期的餐饮销售状况每况愈下，因此每次下班之前店员都会丢掉大量易腐败的食品。

这时，Zoka就可以设定一个简单的目标：销售更多的点心。然后为了给这个目标指明方向，店主可以建立以下的SMART目标来支持目标的实现："下周所有晚班糕点师都要在原有基础上多卖出50%的点心。"像这样的战略目标和目的将为企业和员工带来巨大的收益，员工有了明确的工作目标，每个工作周期的工作职责也都量化了；经理熟知了营业目标，可以衡量结果，了解员工是不是沿着正确的方向前进，甚至可以考虑奖励销售业绩最好的糕点师。

## 梦想与目标的区别

一些人不知道梦想与目标的区别。我之前已经提到过，梦想更多是关于愿景的描述，或者是描述企业会是什么样，梦想可能永远无法实现。讲到这，希望你已经明白：没有明确的目标和SMART目标，成功的概率非常渺茫。下面我们从个人层面来举例说明吧。比如，你的梦想是"我希望有朝一日去国外旅行"，如果你一心一意想实现这个梦想，就可以考虑将梦想进一步分解为支持梦想的目标，就像"两年后我要去欧洲旅行"。定下目标后，你最初的梦想就充满了生命力。当然，这时你还可以把目标进一步细化，为自己制定出一个SMART目标，类似"2015年4月我要存够3000美元到西班牙玩一个星期"。

## 创作人士同样需要目标

如果你是作家、艺术家或从事其他创作类工作的从业者，一定感觉设定目标有时候好像是在扼杀创意。我明白那种感受，但是事情也不尽然。规划长期愿景，考虑为实现愿景需要做的事能够帮助你摆脱穷酸艺术家的发展模式，将创造活力与宝贵的时间更有效地结合起来。据我所知，在这方面的最佳案例之一就是成功的电影摄影师、时装摄影师布雷特·伦威尔（Brett Renville），他的长期愿景是希望自己的摄影作品能够登上知名时尚杂志《时尚》（*Vogue*）的封面，拍摄出入围圣丹斯电影节的纪录片。为了实现这一愿景，他不断努力，制定更具战略性的计划，选择让事业沿着预期轨迹发展的项目。伦威尔将目标设定巧妙地结合到事业发展规划中，始终专注于实现目标、满足客户需求，剩余的时间他还可以打理自己的小植物园，和家人一起做素食。

最近的一次项目中，他有机会获得非政府组织（NGO）Kageno（意为"希望之地"）的资助飞往卢旺达。该组织聘用他到非洲一个名为班达的偏远农村，记录当地的人道主义事迹。班达村只有一条公路通向外界，坐汽车要四小时才能到达，之后，还要再经过两小时的艰难跋涉才能进入丛林深处的热带雨林地带。布雷特的目标就是捕捉一些引人注目的镜头，而SMART目标就是在2012年5月之前拍摄9部3分钟的视频短片。在答应负责此项目之前，布雷特需要深入思考该项目的方方面面，通盘考虑所有的工作计划，确保自己能够在截止日期内满足客户需求。作为一名自由职业者，他必须从实际出发，客观看待自己能力之内的事，毕竟每天的时间是有限的。卢旺达之行必须能拍摄一部短片，在第二年洛杉矶举办的重要筹款晚会上进行公开播放。所拍摄的短片不仅能够进一步推动Kageno的人道主义事业，参与此项目也让布雷特离自己的梦想更近了一步。

## 常见问题

我常被问到的一个问题是：人们可以拥有不止一个目标和目的吗？当然，毫无疑问，你能够而且应该拥有所需的一切，但前提是你的焦点要放在做什么、由谁来做、何时做完上，并且你的目标和目的清单要易于管理。记住：SMART目标内容之一就是要确保所做的事情从实际出发，与可用的时间、资源、人员等条件相一致。

商业目标和营销目标的区别是另一个常见的问题。有时候，两者齐备很有用，在大公司里这种情况很常见。商业目标和营销目标的愿景、使命和价值观是一样的，设定目标的过程也没有差别，但是商业目标总是第一考量。确定了商业目标，知道自己需要做什么才能建立营销目标，支撑前进的方向。商业目标应该推动营销活动，反之则不然。

这与多数航空公司在飞机起飞前播放的视频类似。在视频中，成人总是自己先戴上氧气面罩，然后才给邻座的孩子戴上氧气面罩。同样，你要确保建立营销计划之前先制定好商业目标。许多公司就是因为没有弄清楚二者的先后关系而犯了营销的大忌，这样的例子我见得多了。比如，有些企业一天到晚忙着开展各种营销活动，但是对于实现公司的最终目标没有任何实质性帮助。企业可能通过社交媒体宣传或是邮件直销尝到些许甜头，但是如果这些与企业提升网站流量的目标没有丝毫关系，最终就不会促进其沿着正确的方向前进。毫无疑问，企业需要的是业绩的节节攀升和促进企业发展的稳定客户群。

例如，金融服务公司可能设定创造更多效益的商业目标，与之相对应的营销目标是举办客户答谢活动。这两个目标都很模糊，相比之下，营销目标还稍微具体一些，给出了营销活动类型。接下来，需要更加具体化，也就是确定SMART营销目的。比如，营销目的可以是："营销团队每月为50名贵宾客户举办答谢午宴，从6月15日开始连续举办3个月，截止12月31日合同续约率达到75%。"这样的营销活动目的就非常明确，既实现了营销目标，又支持了最高级别的商业目标。

## 积极主动与消极被动

目标制定之所以如此重要，原因之一在于目标能够让你放慢脚步，全面彻底地考虑事情的轻重缓急，让你有时间憧憬未来，描绘你想要达到的目的，制订计划来实现目标。但说起来容易做起来难，特别是在当今快节奏的文化中，我们都活在当下，所有的电话、邮件、短信必须即刻回复，所有的会议都必须立刻参加，刻不容缓！但是我保证，如果你稍稍放慢脚步，重新定义自己的愿景和使命，带着明确的目的设定目标，你就会看到营销活动产生的成果。

塔米卡已经开始看到这样做给她的事业带来的成功，她全面考虑与客户的营销情景，生成新的营销创意，未来一年是塔米卡事业发展的重要里程碑。通过花费时间设想成功的模样，塔米卡已经在制定战略性的商业计划上抢先一步了。

积极主动地设定战略营销计划还有另外一个好处，那就是更加充分、迅速地应对真正的危机。对于大多数营销者来说，最好的营销状态就是在摸索的过程中抓住每个新机遇，从容地应对每个突发状况。我们告诉自己要善于相信直觉，也就是相信一切尽在掌握之中。但是事情并不总是一帆风顺的。即兴表现可以取得部分成果，但经过充分准备的表演更令人震撼。

## 把握时机

一年之中总有几个时期大多数人都专注于制定目标。最常见的是在新年伊始的1月，很多公司都忙着制定新年宏图和商业计划。而一些公司这个时候已经进入新的财政年，在年中才制订发展计划。何时设定目标并没有对错，只是你要及时并且坚持不懈地努力达成目标。

## 使用计分卡

多年以来，我发现了一个有效的总体规划制定方法，就是使用计分卡工具。许多大公司也采用这种方法来推动公司发展。使用计分卡可以有效地整合目标和与战略配套的SMART目标。下面给出的简表是从罗伯特·卡普兰博士（Dr. Robert Kaplan）（哈佛商学院）和大卫·诺顿博士（Dr. David Norton）的"平衡计分卡"改编而来的，对微型企业和财富500企业同样有益。

下面的表格是计分卡的一种，表中数据来自于前文提到的案例：

| 商业&营销目标 | SMART目标 | 措施 | 成果 |
| --- | --- | --- | --- |
| Zoka咖啡店：创收、开展店内促销 | 下周"甜点幸福时刻"商品促销时，每位晚班糕点师增售50%以上的点心 | 期间增加点心销量 | 待定 |
| 金融服务：创收、举办客户答谢活动 | 从6月15日开始在海湾区举办三次月度贵宾客户答谢午宴 | 每次参会人数；截止到12月31日 | 待定 |

表中可以看出，计分卡是如何增添职责元素的，对于忙碌的经理来说，这对保持正确的发展路径，创造更多收益是十分重要的一步。计分卡依托商业而存在，不论把它贴在办公桌旁边，还是贴在员工餐厅都大有裨益，这样所有人都能看到，从而齐心协力达成目标。这一战略工具很容易创建，也很容易监督，针对企业的目标按周或月来评估其表现。

本书第四部分（简单明晰）和第五部分（保证速度）会详细介绍如何在计分卡的基础上使用正确的营销工具，利用所有可得资源，正确地开展营销活动或制定营销策略，实现商业成功。此外，还将介绍如何将这些营销元素整合为一体，形成有效的行动方案，说明如何在实施过程中衡量进步，确保行动方案产生积极效果，取得表中右侧一栏的最终成果。但是现在，你要试着利用计分卡的方法开始营销。

## 分清轻重缓急

一些人排斥目标明确的任务清单。列出一张待办事项的单子人人都可以做到，但是写有愿景、使命、目标和SMART目标的清单却能够帮助你分清事情的轻重缓急，这样就不会挑挑拣拣地从最简单的做起或者从最有趣的做起了，可以让你高度专注！我知道做起来不容易，特别是对于一个野心勃勃的企业家来说，胸中充满了各种激情，要做的项目很多很多，但是正因如此，分清事情的轻重缓急才更有助于实现目标。

分清事情的轻重缓急很重要，但是并不容易做到，特别是在既需要激励员工、管理好预算，又要令顾客满意、处理其他各种相关事项时，就显得难上加难，因此专注于对你而言最重要的事情才能获得期望的成果。如果自己无法决定什么是最重要的，可以询问员工、营销商、竞争对手和顾客，或者归根结底还是要相信自己的直觉，因为只有自己才最清楚什么是对公司最重要的。

愿景、使命宣言和价值观全部就位之后，还要花点时间设置目标和SMART目标进行支撑。这些要素共同作用才能让你全神贯注谋发展，它们是行动的指南针，指引你朝着成功的方向不断前进。本章开头就提到过，本书谈论的所有方法都是建立在这一坚实的基础上的，所以积极主动很重要，成功始于足下。

## 营销思维模式

回顾本章所读内容，完成下列任务：

1. 写下你的愿景。

2. 写下你的使命宣言。

3. 确定三到五个核心价值观。

4. 写下一个终极商业目标，并制定与之相适应的营销目标。

5. 写下至少一个SMART目标来阐明、支撑营销目标。

# 第二章
# 绘制成功蓝图

为了保证营销活动更加策略化,从内到外宏观掌控企业就显得至关重要。可以透过双焦镜看待企业:不要只透过远视镜观察企业的愿景,还需要利用放大镜清楚地了解眼前发生的一切,特别是有关员工、顾客群和营销活动的问题。关注影响企业的内外环境能够有效地实现企业愿景。

在一些情况下,需要跳出企业的框架观察周围的世界。如果贵公司是基于网络的,就意味着你应该放开鼠标、关上手机,走出去观察企业的发展状况。没有总揽全局的发展观就不能充分抓住所有机遇,对于当前形势和工作环境掌握的信息越多,就越能让信息为己所用,帮助企业挖掘营销潜能,实现营销目标。

收集所需信息的最好方法之一,就是进行所谓的情境分析。情境分析是一个三步式过程,能够有效地辨清当前形势和周围环境,有助于识别有用和无效信息。首先,要观察企业的内外发展环境,获取所有事实;其次,分析发现的所有信息;最后,深入分析,如有必要则需收集错过的重要细节。完成了以上三步就可以做出精明的战略决策,充分利用资源,从而在营销过程中优化资源配置。

进行情境分析的目的是快速了解工作环境和发展情境,迫使你通盘考虑企业内外发展环境,其中包括良好环境、有利环境、恶劣环境和不利环境。之前已经提过,就营销而言,一些人往往只关注自己需要做什么,而没有收集数据支持自己的想法,自以为"我得发份新闻稿""我要举办活动"!但是却错失眼前的最佳时机,战略上错过了促进企业前进的机会。

营销过程无须复杂烦琐,否则就是在凌乱地堆砌垃圾信息。我曾有幸为酒店行业几位勤勉的企业家制定情境分析演练,这些企业家是西雅图市住宿和早餐协会(Seattle Bed and Breakfast Association,简称西雅图B&B协会)成员,他们需要我帮助他们决定如何最有效地利用营销活动教育公众加入B&B的好处。参加会议的大概有十人,一个多小时内我指导他们运用上述三步来实现营销目标。下面就具体说明情境分析的三个步骤:

## 步骤一:抓住事实

为了确保营销顺利进行,我引入了SWOT分析表格来引导讨论,组织思考。一位名叫艾伯特·汉弗瑞（Albert Humphrey）的管理顾问在20世纪60年代提出了SWOT分析法。SWOT是竞争优势、竞争劣势、机会和威胁四个英文单词的缩写。竞争优势和竞争劣势是为辨别企业内部因素而设，机会和威胁是影响企业的外部因素。

| 内部环境 | 竞争优势 | 竞争劣势 |
| --- | --- | --- |
| 外部环境 | 机会 | 威胁 |

一旦做好准备，你就可以开始分析当前形势，从内部对公司进行自检，罗列企业的优势和劣势：从员工到顾客评价等方方面面。如果你是独立经营的企业主，同样需要关注自身的优势和劣势，其中既可能包含多年的专业经验，也可能包括缺乏的技术知识，这取决于你认为什么会为公司增加价值或哪些因素会阻碍公司取得成功。

一些人喜欢从发现竞争劣势开始，辨清企业面临的所有挑战，这也是开始SWOT分析的好办法。可以先列出导致失败的一切因素，当作为企业实施排毒疗法。行动之前应该问问自己："什么营销问题让我夜不能寐？竞争方面最担忧的是什么？我是不是处于行业末尾呢？"独立地思考每项竞争劣势，收集所有相关信息并一一记录，然后客观地对待每个问题。

进行SWOT分析的另一个办法就是逆向思考，从竞争优势开始分析：辨识企业所有竞争优势和公司面临的潜在机会。如果你和我一样是名乐观主义者，很容易就能列出一长串优势和机会选项：得过什么奖项和表彰呢？产品和服务为什么能够出类拔萃于竞争对手？营销活动中哪些因素运行良好？拥有哪些良好的顾客关系？与其他组织形成了显著的联盟吗？这样焦点就放在了所有优势因素上：企业面临的发展机会、竞争优势和最有利条件。

采取哪种分析方法并不重要，从面临的挑战或是从优势条件开始都可以，只要选定其中一种方法，确保考虑全面周到即可。记住分析过程好比集体讨论会，既要收集现有事实和数据，也要抓住新兴观点和想法。收集到的信息越多越好，这样才能掌握情势发展，理清有效和无用事实。分析事实不拖延，客观评断一切，才是最有效的分析方法。

在进行SWOT分析的过程中，将会由内及外彻底审视公司甚至是行业的发展状况。首先，专注于公司发展，好坏姑且不论，列出目前开展的每一件事。员工、顾客、定价和其他一切能想到的事物的情况是怎么样的？千万别忘记要包括营销！在某种程度上，这一过程就是要创建完整的利弊清单，就是这么简单！

接下来需要改变方式，检验所有影响企业的外部因素，如竞争和行业方面的各项事宜。寻找公司面临的潜在机会和危及公司的外部威胁，理清一切所需事实并始终牢记于心。要检验的事情有两项：一是潜在客户和直接、间接竞争对手。如果贵公司是一家非营利机构，旨在帮助无家可归之人，那么该区域还有其他机构提供类似服务吗？与你争夺顾客时间、资金的还有哪些机构？他们在哪些方面做得比你好？对比之下，公司处于什么地位？有机会和其他组织和企业合作吗？

需要审查的另一个要素是行业本身。行业市场状况如何？哪些重大外部问题影响着公司发展？媒体目前关注一些热点问题吗？热点问题是什么？顾客现在谈论的是什么，关心的什么？这些事情通常会难以控制，可能还受到政府法规甚至是其他流行文化的制约。这里我必须指出：当被问及行业发展情况时，一些企业家对于目前市场动态和市场竞争者一无所知。有时候面对具体的竞争情况等问题时，这些企业家甚至会回答公司产品和服务独一无二，毫无瑕疵，没有任何外部威胁。事实果真如此固然很好，但事实并非如此。每个组织都面临某种程度的竞争，因此必须实实在在地掌握行业环境才能了解公司发展形势，进而取得成功。

以上就是进行SWOT分析时我使用的主要方法，毫无疑问，还有很多其他方法。例如，可以进一步细化公司的竞争优势和劣势，以进一步检查发展的利与弊，如员工培训过程、顾客关系、产品定价等。需要记住：分析方法要具有战略性，同时要关注影响公司内外环境的最重要因素。

**西雅图住宿和早餐协会（简称B&B）**

下面讲述的就是B&B协会如何利用SWOT表格开展营销活动。B&B协会首先帮助每一家会员企业分析各自的竞争优势和竞争劣势，虽然各会员企业都提供了一些常见的便利设施，如WiFi无线网络和免费午餐，但是每家企业仍然有自己的独到之处。例如，住在Three Tree Point B&B，顾客可以观赏到壮丽的景色、俯瞰普吉特海湾（Puget Sound）、远观雷尼尔山国家公园（Mount Rainier）；而沙佛·贝利庄园酒店（Shafer Baillie Mansion）素以华丽著称，是座占地面积多达14000多平方英尺的都铎复兴式庄园（Tudor Revival home），距离西雅图市志愿者公园（Volunteer Park）仅一街之遥，可以领略那里魅力四射的植物园和温室花园风光，西雅图市亚洲艺术博物馆也位于附近；翠湖宾馆（Green Lake Guest House）则为美食爱好者提供定制的美食，如瑞典薄煎饼、布里干酪、苹果馅的法式吐司，配菜用的食材是从园中采摘的新鲜时蔬和食用花卉。显然B&B协会会员各有一套独特的产品，但是各自也面临着挑战。尽管拥有这些独特的便利设施和优质服务，但它们一年到头生意并不理想，预订人数没有达到预期。

随后，B&B协会开始评估协会整体的竞争优势和竞争劣势：虽然协会会员众多且都很活跃，但是运行的资源极其有限，妨碍了协会进行有偿营销活动的投资能力，从而阻碍了改善B&B协会会员的福利。会议上讨论了协会面临的竞争挑战，列出来自于外部的重点竞争对象，如精品酒店和廉价的汽车旅馆等，大家发现了一个有趣的事实：由于Airbnb.com等网站的存在，临近的居民成了协会的最大威胁。Airbnb.com成立于2008年8月，旨在帮助人们合理利用剩余空间，在世界各地帮助人们预订所谓的"特色"民居，其中包括个人的备用卧室，直接导致入住传统型B&B协会会员酒店的人数减少。

会议最后从宏观角度讨论了影响整个B&B行业的动态和媒体重点

报道的问题。期间一位参与者回想起美国国家公共电台的一则新闻故事，新闻中报道中说：在当前低迷的经济形势下，许多人放弃了昂贵的出国旅游，而是选择成本低廉的"居家度假"。还有人注意到市场上缺乏对B&B的准确信息。时代变了，如果你不喜欢，就不用和陌生人分享卫生间或共进早餐。

**SWOT分析需要多长时间？**

完成SWOT分析需要多长时间并没有固定的标准，而是取决于参与人数的多少、分析的类别、分析过程中掌握的信息和知识量，同时还取决于对信息需求的迫切程度。其神奇之处在于遇到营销危机时，信息和想法能够以惊人的速度填满SWOT表格。

我曾与一些组织、非营利机构和小型企业在短短一小时之内就完成了上述分析，也曾花费几周的时间来进行分析。当然你可以把过程细化，先收集初步的事实，然后跳出框架进行思考以获得详细的统计结果。在与西雅图市B&B协会合作时我们就是这么做的。B&B协会抓住了品牌信息的每个原始细节，然后在会议结束后的几个星期还继续收集数据和观点。

# 步骤二：进行分析

希望你已经把掌握的所有事实填入SWOT表格或其他过程追踪工

具之中，然后开始对其逐一加以分析，仔细审视长长的利弊清单上的每个细节。评估企业及其发展环境有助于你更好地了解企业的进展情况，明确未来的发展方向。并且这些信息对即将开展的营销活动也非常有用。

在分析阶段，应该更具战略性地思考收集到的数据，寻找支撑公司更好发展的愿景、使命、目标和目的（可以重新参阅第一章），你需要有意识地思考现有信息，分辨哪些因素能够推动企业前进。有时候，完成SWOT分析之后会发现目标和目的需要稍作调整，你甚至还会发现新目标。现在应该判断既定目标等是否适用于新制定的公司发展规划。

通过这一过程还可以判断公司最大的竞争劣势和应该注意的外部威胁，因为竞争劣势和外部威胁会阻碍公司实现营销目标。此外还需要寻找最佳机会、识别竞争优势以克服挑战、推动企业前进。需要与什么样的竞技场地合作？陷阱在哪里？有固定的发展模式吗？评估现有的一切，确认最大优势资源，然后优化配置，但是要分清主次。

竞争优势和劣势往往密切相关。进行优势和劣势分析的益处在于：威胁有时候可以转化为机会。拥有长达2.5万人的邮寄名单固然令你感到自豪，但要意识到这些资源并没有得到充分利用：你还没有把信件寄到顾客的信箱中。西雅图市B&B协会的案例中，B&B协会意识到：虽然Airbnb.com在世界各地约有10万家广告投放地，但是其旗下许多个体经营客房和公寓都不达标。一位顾客失望地说道："原本以为Airbnb.com提供的应该是非常令人兴奋、心动的新型酒店，但看上去却像是Craigslist. org的华丽版，甚至更加丑陋。"与Airbnb. com不同，B&B的所有会员酒店都是完全通过审批的。对于许多潜在顾客来说这点非常重要，因此可以说是B&B协会的一项竞争优势，在营销过程中可以战略性应用，利用媒体和其他舆论影响者进行宣传。

## 步骤三：深入挖掘

这一过程需要尽可能多地挖掘有用信息，只有这样，营销才能最终从这些情境分析中散发光芒。分析工作不能浅尝辄止，一旦发现具有潜力的事物就应该深入挖掘，收集更多的具体数据。例如，我曾经共事过的一位催眠治疗家专门帮助儿童运动员实现目标，他的特长优势拥有巨大的市场潜力，但是需要获得成功率的实际统计结果，才能在品牌消息传播中使用这些数据。另一位我曾共过事的珠宝设计师意识到大部分客户实际上都是男性，而并非想象中的女性。这些男性顾客在特别场合给心爱的女性购买公司的高端产品。为了更好地向这些男性顾客推销珠宝产品，她决定进一步研究，了解客户的喜好，以便开展与之相匹配的营销活动。

西雅图市的B&B协会恰恰就是这样进行SWOT分析的。协会意识到最伟大的营销机会近在咫尺：邻居的口碑相传！我也是他们的邻居之一，直到接触了该协会，我才知道公寓附近有三家历史上著名的B&B，下次亲戚来我家时，客厅里要是住不下就可以将他们安置在附近的B&B住宿。现在我更加了解B&B的价值了，我毫不犹豫地推荐亲戚住在B&B，甚至决定为他们交纳房费。因此与我这样的邻居培养关系是一项战略营销行动。但是协会进入成熟的营销活动之前，单纯依靠挨家挨户在门把手上贴促销广告是远远不够的，还需要深入挖掘。我建议协会做些调查，弄清楚邻居们向亲朋好友推荐B&B的可能性，或者为附近的房主举办成本低廉的家庭招待日，让他们有机会了解协会，体验入住B&B的好处。

**深入研究**

在谷歌或必应上点击几下基本可以找到所有需要的信息，但是要获得精确的具体数据可以使用的方法还有很多。如果需要进行深入研究，先弄清楚研究方法很有用。研究方法主要包括两种类型：定量研究和定性研究。

定量研究，顾名思义就是数字计算，如检查上周来店的顾客数量或是被问到网站是否好用时，点击"完全同意"的人数。定量研究是数学测量方法，通常是用调查表和调查问卷等工具以可控方式进行的大量群体采样。

而定性研究主要处理不易计算的问题，如顾客对店内的感受或最初是如何发现公司网站等问题。这种研究方法有助于收集顾客行为方面的信息、决策信息和推理信息，通常通过访谈、分组座谈会和实际观察等在少量集中群体内采样。

下面是B&B协会两种研究方法的具体运用：

- **定量研究**：邻居们向亲戚推荐住所附近的B&B的可能性是多大？选择一个答案：非常可能、可能、不可能。

- **定性研究**：如果要向亲戚朋友推荐住所附近的B&B，最重要的便利设施是什么？

知道自己需要什么样的详细信息之后，才能决定获取信息的最佳方式，并进行评估。进行现有研究或新研究的方法有很多。如初步研究指的是已经完成并可加以利用的研究；间接研究指的是回顾和使用外部研究。研究途径也是多种多样的，可能是商业性出版物上读到的报告，也可能是在线媒体上读到的"90%的人喜欢……"的文章。

不论是初步研究还是间接研究，重点都在于知道影响研究结果的几个变量：

- **地理学因素**：能够影响观点和行为的地点。
- **人口学因素**：年龄、性别及影响态度和行为的教育特征。
- **心理学因素**：影响行为的个性品质。
- **行为因素**：影响观点和行为的价值观和经历。

如果确定自己需要第一手资料，可供运用的工具和技巧也有很多。下面是我自己常用的几种，而且不需要花费很多时间、资金或其他资源，并且总能收获深刻见解，为组织创造巨大的价值。

## 分组座谈会

分组座谈会的好处不胜枚举，我自己参加过很多分组座谈会，有电影评论会，也有辣椒口味试验等。在微软、美国运通以及其他一些小型企业和组织工作的这些年，我主持过很多分组座谈会。所谓分组座谈会就是将顾客聚集在一起，听取他们对于产品和服务的真实意见。可以召开正式的座谈会，如在会议室里召开，配备引导者，有时还记录在案或使用透明玻璃镜；也可以召开非正式会议，如将顾客召集在一起边喝咖啡边收集反馈。只需提供他们一些讨论话题或问题就可以让他们自行发言，其中一个参与者可以引导谈话，另外一个负责记录或做笔记。当事人不在场，他们自然就能畅所欲言，提供诚实的反馈。座谈的方式并不重要，只要将顾客聚集在一起，为他们提供讨论话题就能达到目的，重要的是要学会倾听。

### 调查问卷

调查问卷也很有效。多亏了诸如Surveymonkey.com这样的公司，任何人都可以设计十个简短的问题，在线发给100个人，整个过程都是免费的。Surveymonkey.com保证所有回馈都是匿名的，每个反馈都可以追踪，可以实现基本层面的分析。有效的调查问卷秘诀在于问题简短，问题类型简单，因为问题太长或过于复杂，人们就不愿意完成调查问卷。还需要合理设计问题以提供正确结果，进而成为可供使用的信息。诸如"喜欢我们的产品吗"这样的问题可没什么帮助，因为大家的回答非是即否。稍稍修改把问题改成："为什么喜欢我们的产品呢？"答案就更有价值了。

**信息外部来源**

如前所说，获取信息特别是在获取行业信息时，另一个好办法就是利用外部信息来源，如贸易或专业组织等获得的间接研究结果。例如，我是美国营销协会（AMA）、国际商业交流者协会、美国商会和美国公共关系协会（PRSA）的会员，可以和其中任何一个组织谈论市场的动态、影响行业的政策或热点问题的报告，通常不会额外收费。上次在浏览AMA网站的时候看到一篇文章，讲的是新的政府法规和越来越多的病患知识如何为制药学营销策略创造不和谐的环境。

我是西雅图商会的成员，因此每周都会收到地方、州级和联邦政府影响商业的事务更新。商会每年都会调查企业评估其所需、机会和面临的挑战，信息因企业规模、所在地和所属领域而不同。艾美·乔丹（Emmy Jordan）是西雅图商会会员和商务拓展部的高级副总裁，他工作努力，会定期引进行业专家就影响公司的地方和国家动态提供深刻见解。这些是与其他企业领导进行交流的好机会，也是了解周围环境的好时机。

地方、州级和联邦政府运作组织也有助于提供缺失的信息。美国人口统计局近期提供了一个名为"小型企业普查数据的力量"的讲习班。在全国范围内，小型企业发展中心（SBDC）、经济发展委员会（EDB）和一家非营利机构SCORE（致力于帮助新组织取得成功）免费提供信息和建议。设有城市规划和经济开发办公室的城市把握商界发展脉搏，一些城市还免费提供行业动态报告和人口统计资料。你也可以在小型企业管理局等地方免费获取其他信息。地方图书馆也是强大的资源宝库，图书管理员有可能可以帮你迅速找到所需信息。一些地方，包括西雅图公共图书馆，设有独立的商务问讯处，以帮助读者查找有用的信息和资源。

学术机构是另一个收集信息的好地方。许多教授就行业相关问题进行研究、撰写了研究论文或书籍。例如，作为西雅图大学战略交流和全球品牌管理教授，课上我经常让学生亲自动手进行SWOT分析项目。最近我的学生帮助了一名企业家，这名企业家想在太平洋西北区开设室内小狗日托公司，而那里全年大部分时间都是阴雨天。学生们在一周内就完成了完整的情境分析，为这名企业家设计了SWOT分析表格，列出了创设公司的很多利与弊，发现面临的挑战和威胁超过了其他因素，因此这名企业家决定暂不采取行动，打消了投资的念头。

另外一项有助于研究情境的资源就是思想领袖和舆论影响者，另外也可从分析师团队、基金会和智囊团得到有效的数据。这些人经常撰写对公司有价值的动态、问题、政策和重要信息的报告。最后同等重要的外部信息渠道是广播、印刷物和在线媒体。为出售广告，媒体的销售团队需要收集当前的人口信息和消费心理信息，所以和他们交流非常有用，同时他们中许多人会在网页上发布免费的信息报告。你还可以直接联系记者就相关问题展开交流，报道创业故事的科技记者几乎总是愿意出来喝杯咖啡，交流当前动态和发现的信息；调查记者的工作就是调查问题，发现真相，就如公司进行情境分析一样。

## 多久进行一次SWOT分析？

大多数企业年度计划里规定，每年开展一次完整的情景分析。但是这样的情景分析多做几次又何妨？对于不断发展、变化迅速的行业，如医疗行业、科技领域或绿色能源领域等尤其如此。不想让分析过程变得乏味，就应该反复利用这些数据以获取需要的事实和信息，从而为公司所用。但前提是拥有获取重要信息的直接途径，因此我建议如有必要多进行几次SWOT分析，以了解公司面临的内外部发展环境。

在我的帮助下，Seattle B&B公司第一次开展了正式的SWOT分析演练，结果证实非常有效。现在他们运用这些数据和想法制定营销战略决策，其中包括YouTube上发布促销视频和创建营销实习岗位。我相信今后他们还会开展这样的SWOT分析，利用取得的信息推动企业发展。

本章旨在了解企业发展，制定更具战略性的商业计划和营销计划。监督企业内部发展进程和外部环境可以识别最佳发展机遇，并将取得的信息为己所用。我希望你尽快开始这一发掘过程，调研内外部发展环境，看看可以发现什么。仔细审视，深入挖掘，战略性地分析已有数据，总能温故而知新，发现全新观点和视角，为企业带来新的发展潜力和巨大的市场需求。

### 营销思维模式

回想本章所读内容，回答下列问题：

1. 准备了哪些过程来收集情景信息和数据？

2. 开展战略性SWOT分析需要回顾哪些数据？

- 组织
- 竞争
- 行业
- 其他

3. 完成情境分析之后，内部组织环境方面的三大分析成果是什么？

- 三项最大优势是什么？
- 三项最大劣势是什么？

4. 外部环境方面前三项最大的分析成果是什么？包括竞争和行业因素吗？

- 三项最大挑战是什么？
- 三大顶尖机遇是什么？

5. 如需其他信息，如定量数据或定性分析，或需要证实你的分析结果，会采用什么方法？

- 调查问卷
- 分组座谈会

- 专业组织
- 学校或大学
- 商会
- 政府组织
- 媒体渠道

# PROPEL

Five Ways to Amp Up Your
Marketing and Accelerate Business

## 第二部分

## 打造品牌
### 抓住举足轻重的客户

罗伊·H. 威廉姆斯（Roy H. Williams）

营销时，必须要在厌烦、叫喊和诱惑中间进行取舍，你选哪一个呢？

有了扎实的营销策略，设定了合理的目标，审视市场找到最佳机遇之后，就该思索如何塑造品牌了：理清你是谁、你要说什么和谁需要知道。是时候探究产品或服务背后的事实，找出最有意义的方式讲述品牌故事了。

第三章将关注品牌，讲述如何利用公司的独有特色从竞争者中脱颖而出。这就需要识别企业最重要的特征，承认企业最重要的事实，然后整合信息，创作有意义的品牌故事，将企业与客户联系起来，让公司闪耀风采。

清楚了品牌的力量，下一步自然就是定位市场中的目标受众，看看哪些人需要你的产品，然后通过营销活动向目标受众讲述品牌故事。应该问问自己：谁关心我的品牌？谁想要听我的品牌故事？如果答案是人人都想，那么就要再仔细想想了，这样才能增加成功的概率，有效地得到发展。目标受众过于庞大就好像玩彩票：赢了当然很好，但是概率实在是太低了。最好将目标放在少数受众上，为他们量身定制营销信息。

第四章落脚于如何定义目标受众，以便集中营销效能，不断向成功迈进。本章分享了真实的商业成功案例，这些公司都成功地将宽泛的市场转变为具体的特定客户市场，紧紧地抓住机遇。

充分关注品牌才能确保讲述出色的品牌故事，在市场中占领独特的地位，选择乐于倾听品牌故事的客户群，并与之形成联盟。

# 第三章
# 打造自主品牌

二十多年以前，美国最大的服装经销商GAP公司用深蓝色的盒子裹住G、A、P这三个字母，设计成传统的白色字体，作为公司商标。这一商标在展示公司品牌方面扮演了重要角色，树立了牛仔衣物一站式购物的经典形象。但是随着时间的推移，消费者希望改变。服装业出现了H&M、Forever 21等新品牌供应更加时尚、新颖的款式，竞争者此起彼伏。面对这样的身份危机，GAP的高级管理层决定公司应该向现代化转变，其中包括改变公司的经典商标。乍一看，这个决定并没有什么错，其他大公司，如耐克、麦当劳、苹果公司等也都稍稍改变了外观和品牌形象并获得了成功。但是GAP公司改进商标的举措却不是一帆风顺。

GAP将其商标改造成了黑色的海维提卡字体，简洁大方，字母P的右侧刚好交错放置着一个褪色的蓝色小盒子。但是新商标刚发布在网上便立刻引发了一片骂声。社交媒体频道上怨声载道，充满了世界各地对GAP身份标识的改变怒不可遏的人们，特别是在平面设计和品牌推广行业中。Facebook上对GAP放弃驰名商标做法的负面评论达到了两千多条；Twitter上设立了专门的商标更改抗议账户，粉丝数量约五千名；另外，一个名为"设计你的GAP商标"的小网站吸引了近一万四千条制作商标和仿制商标。

GAP公司只好走回头路，在新商标公布四天后中止了行动，恢复了原来的商标：挂上了人们熟悉的白色字体和亲切的蓝盒子。

不论是大公司还是小公司，在品牌化的道路上不断斗争的原因之一在于把商标与品牌化画上等号。对品牌不加区分，就好比卖鸡蛋时把所有鸡蛋放在同一个商标的篮子里销售一样，把大量的时间和资金放在设计完美的图标上，这实在是大错特错了。但是如果这个小标识缺少了故事意义，就达不到理想效果。设计良好的视觉标识是品牌故事的重要组成部分，除此之外，别无他用。除了创造商标之外，<u>塑造强有力的品牌需要做的还有很多</u>。

因此，建立有效的品牌非一日之功，这需要经过时间的沉淀，为客户创造真实、完整、难忘的体验。品牌投资极其重要，可以有力地推动营销活动，对企业的长期成功也至关重要。品牌塑造得当就是一把金钥匙，可以打开顾客的心门，解放他们的思想和灵魂，很多情况下自然也就可以让他们放开手脚花大钱；不必苦口婆心地向客户推销商品和服务，就能让你和客户真正地联系起来。

不管你喜不喜欢，我们对一个人的印象在见面的最初几秒就已形成，对于商业来说也是如此。设想一下：一家饭店的窗户上积满污垢，顶棚破败不堪，门前垃圾堆积成山，你还有心情在那儿吃饭吗？一个具有粉色霓虹背景、亮黄色字体的网站，还会弹出关不掉的音乐广告，你还想浏览吗？或是令人困惑的语音系统，让你不停地循环按键，却始终找不到想要的联系方式，你还想用吗？我们选择合作伙伴时，当机立断的前提就是对公司品牌的看法。从某种程度来说，品牌就好像是产品的包装袋，消费者只有喜欢包装才会拆开。同理，我们只有对品牌有好感才会与之合作。品牌是对消费者的许诺，让你能够深入了解消费者的内心需求，既有理性需求也有感性需求。品牌塑造不仅仅是为了出售产品或服务，而是对症下药，治疗消费需求症状。

因此自主品牌至关重要。本书前言部分已经提到品牌塑造如何充当着企业发展的核心，甚至可以说是企业的个性。企业计划的核心就是不论你做什么，品牌都是促进企业全面发展的推动力。品牌有助于影响客户对于产品或服务的所思、所感、所为，有助于掌握一切，而后开始讲述品牌故事。

如果将企业比作自行车，那么品牌就是前后轮的中心轴，是自行车上的辐条，是联系所有营销活动的枢纽。一切营销活动都是围绕品牌展开的。营销和品牌相互联系，共同创造一致的营销信息，传达适当的品牌故事。品牌支撑企业，促进企业发展，努力确保营销与之相一致。做出营销决定之前，花点时间定义品牌会让营销活动更加简便。

宋明叶是科罗拉多州丹佛市瑞奇士大学（Regis University）的首席营销官，特别擅长通过品牌塑造讲述企业故事。最初他担任过路透社伦敦分部的记者，还在马来西亚的报社工作过，后来成了高级行政主管，为世界各地的企业提供战略性的商业和品牌顾问服务，其中包括星巴克集团和微软集团。那时候，他邀请我参与西雅图大学社交媒体项目的情境分析工作，所以我们有机会一起合作。他希望鼓励在校的每一个人（从教授到职业顾问等各色人群）使用Twitter和Facebook等社交工具，但前提是要确保能够准确地反映学校的品牌。

为实现这一目的，他创建了一套宽松的指导原则，激励并提醒大家利用社交媒体推广学校品牌。"不仅是要让顾客站到队伍中来，还要让他们爱上你的品牌。"宋明叶说。说到顾客，他指的是受学校影响的每一个人，包括学生、学生家长、校友甚至是学校对面的地方餐馆。通过用这种方法来塑造品牌，他和团队帮助学校提高了声望，分享了学校的品牌故事。"要到达品牌的天堂，就必须能够打动客户的灵魂。"他接着说道。现在，西雅图大学已经被《美国新闻与世界报道》（*US News & World Report*）评为十所顶级大学之一。

但是像GAP的商标风波展示的那样，如果不能有效地管理品牌，所有的艰辛努力很有可能转瞬化为乌有。如果你已经开始品牌塑造工作，可能已经建立了一套标准来引导营销活动的开展。以目标和愿景为行动指南，以品牌塑造方针为指示图，很容易为网站设计、宣传册制作导航，有效地传达品牌故事。如果你目前还没有树立品牌塑造方针，我会告诉你如何在牢固的营销基础上加入品牌。

建立有效的品牌是一个漫长的过程，维护企业的形象和声誉同样需要时间。即使是在品牌规划期，品牌也会受到很多因素的影响，而且随着时间的推移而逐步成长，跟人的性格发展一样。眼下有很多可以采取的措施，以缩短品牌塑造的里程，简化、管理品牌塑造。最重要的是要先理清品牌是什么，品牌代表什么，因为只有树立了品牌，才能推动所有营销活动的开展。

## 第一步：列出品牌属性

如何打造品牌呢？第一步就是确定品牌的独特属性或品质。列出几个词语，准确地描述品牌是什么和品牌能做什么，这些是品牌塑造指南的基本要素，能与品牌的其他要素相互作用，更有力地讲述品牌故事。

过去几年间我一直与品牌塑造专家玛利亚·罗斯（Maria Ross）合作，在《小型企业品牌塑造基本要素》一书中，她提到展示品牌力量的一种有趣做法：首先挑选几个你喜欢的知名公司或非营利组织，选什么并不重要，可以是迪士尼、内曼·马库斯百货、苹果或女童军等；接下来写下几个词或短语描述你脑海中该公司的特征。

以内曼·马库斯百货公司为例。一个多世纪以来，内曼·马库斯百货公司一直致力于塑造高端奢华零售商的企业形象。我在讲习班应用这种方法时，大家都能想出一串词来描述这家零售连锁店，包括：昂贵、商品独特、高档、时尚前卫、服务一流等，几乎班上每个人都给出了这样的词，并且全部认同这些词准确地反映了内曼·马库斯百货公司的品牌特征。这就是品牌的力量：清楚、一致、令人难忘。品牌管理得当的话，这些词语或称之为"属性"会体现在公司的方方面面：网站设计、店铺橱窗设计、品牌包装、员工着装要求、店铺退货制度和商标等。

"品牌从总体上体现了公司做出的有关上市和经营的决策。"玛利亚如是说，"内曼·马库斯百货公司拥有这样的品牌，它会在疯狂大脚赛车比赛上做广告吗？营销团队会聘用劣质的设计师来设计店内标识吗？当然不会。"

重复上述方法，以自己的公司为落脚点，写下几个关键词，描述公司的品牌属性。首先要给出自己的关键词，然后扩大范围，让员工和最信赖的客户给出品牌属性关键词，看看大家给出的关键词是否相符，以此来检验结果。你眼中的公司形象与客户对品牌的看法一致吗？查阅客户评价和收到的产品、服务反馈，看看哪些词是重复出现的？客户是按照期望的方式描述品牌吗？本方法的目的就是测试原始品牌构思，确保品牌与接触企业最多的人看法一致。如果公司已经成立，运用这种方法可以辨别营销活动是否与企业形象一致；如果公司尚未成立，那么这种方法有助于发现品牌的潜在属性，开始营销活动时可以采用这种方法。

## 第二步：创建品牌形象

下一步就是要超越简单的几个关键词语，尝试捕捉品牌传递的整体感觉、特点或个性。

玛姬·温克尔（Maggie Winkel）是耐克集团销售部总监，对于如何创建品牌策略了如指掌，令人钦佩。我有幸见识到她用完整的产品或服务故事解释品牌扮演的重要角色。

虽然都是巧克力棒，但三种品牌却截然不同。仅看外包装就知道三者的不同，但是我之前已经说过品牌不单单靠视觉识别，必须亲自体验才能辨明具体差别。玛姬接下来就是这么做的：她把这三种巧克力放在盘子里传给大家进行口味测试，在场的每个人都拿起每种巧克力棒一看、二摸、三尝，大家都尝过了巧克力之后，玛姬便让大家凭借口感猜测尝到的分别是哪种巧克力棒。"90%以上的参与者都能够正确地识别这三种巧克力棒。"玛姬说，"即使没有视觉提示，品牌属性还是可以通过品牌体验明显地展现出来的。"

可以这么说，从方形巧克力的形状和设计到牛奶巧克力的独特口味，每个公司都有其独特的品牌秘诀。这三种巧克力棒的每个细节都是经过充分考量的，做出了符合品牌特色和品牌目的的决策。

玛姬说："每一个品牌决策都应该包括上述所有属性，从外部包装到巧克力终端产品的方方面面。"

每家公司都创造了独特的形象，传达出各自的看法，每种巧克力棒背后是大公司的承诺，为产品做后盾，告诉你第一口咬下去会体验到什么。每家公司都希望消费者会购买自己的产品。同时，从PR、网站设计到展览棚和店铺展示的所有营销活动都是本着展示品牌的目的而设计的。如果偏离了这一发展路径，那么就应该加以矫正。

## 第三步：创立传播框架

除了给出描述品牌关键属性的几个简单词语，还需要进一步发展品牌属性，创造具有说服力的品牌信息。在前面我提到的巧克力品牌实例中，吉尔德利巧克力棒外包装上透露出"人间美味牛奶巧克力"的品牌信息，这就是公司可以在品牌上下功夫之处，在营销活动中创造更多的品牌细节信息，包括新闻宣传稿、网站设计、品牌口号等。但是品牌信息传播框架更像是针对目标受众的一整套品牌综合宣言。

现在我应该阐明品牌口号的重要性和品牌口号在营销工具包中的地位。前提是要明白品牌口号和品牌商标类似，都只是营销的工具之一。我所说的品牌口号是简短、令人难忘的短语，是能够概述公司或产品愿景的短语。很多人认为品牌信息传播和品牌商标一样，就是要提出一个包含万事万物的终极品牌口号，但是事实并非如此。例如，最著名的品牌口号之一是耐克的"想做就做"。加利福尼亚牛奶加工委员会赞助的竞选口号为："来点儿牛奶吗？"黑人大学联合基金会使用的口号是："浪费智慧很可怕！"没必要刻意地去创造什么品牌口号，只要在收集反映公司品牌的词组和短语时，注意那些能够持之以恒做到的词，如果确实能够坚持，那么采用就可以了。

品牌传播框架是一套描述语言，有助于展现营销活力，这就需要找到合适的路径将销售的事实和特征转变为可以讲述的动人品牌故事。要做到这一点，请参考上一章中绘制的SWOT表格，首先应该从列出的竞争优势和发展机遇开始，或是先着眼于表格中的"优势"栏。然后应该站在消费者的角度思考，将事实转化为效益。要让你谈论自己是谁、自己要做什么，人人都可以脱口而出，但是要转变交际方式，把产品和服务的价值讲述给消费者就要花点时间了，下面我就用真实案例展示如何做到这一点。

我曾与凯丽（Karri）一起工作，她自主经营一家精品美甲店，那时她迫切需要扩大客源，但却不知该从何着手。凯丽面临的挑战在于，虽然品牌故事足够强大，但是却没能有力地传播品牌故事。下面来聊聊我的看法：刚开始和她接触的时候，她滔滔不绝地讲了一堆个人经历，令人印象深刻。她从事个人护理行业近20年，于2000年成立了自己的美甲沙龙，并努力奋斗成为行业中的佼佼者。她在印刷物和广播节目中发布了美甲店的广告，也以最佳的美甲和足部护理服务而频频获奖。

除了专业认证，凯丽还在很多层面上超越了同行业的竞争者。与那些使用丙烯酸美甲服务，充斥着蒸汽和灰尘的美甲沙龙不同，凯丽的美甲店只使用纯天然产品，为客户提供个性化服务，这些顾客具有极高的生态意识和健康意识。凯丽的发展愿景是能够提高美容业的可持续性发展标准，使命在于提高人们对自然指甲护理益处的认识。凯丽定期投入时间和资源为实现使命和愿景而努力，她每年都参加行业课程和水疗展会，定期与客户分享美容知识，告诉他们每天使用的美容产品中潜在的危险和有毒成分。另外，还有一点非常重要，就是做美甲的时候，和凯丽交流也很有趣。

听起来凯丽的生意应该做得十分红火，对吧？但是如我之前所说，她那时正在不断挣扎，因为缺乏引人入胜的品牌故事传播框架，也没有凭借自身优势打造出独一无二的美容沙龙。刚开始和她合作时，她的美容店比其他沙龙的价位要高一点。为避免仅仅以价格昂贵而闻名，她需要专注向客户传播高质量的品牌服务，将自己从业15年以上的事实转变为经验丰富的企业家品牌信息，并把自己的专业技术和所获得的行业奖项，以及成为行业领军人的优势推广出去。这才是品牌信息传播的正确方法。

一些人做起事来总觉得困难重重，难以吹响具有自己特色的号角。虽然很容易就罗列出公司的一长串事实，但是涉及精心编制积极的品牌故事就黔驴技穷了。应对这种困境的方法之一就是找到能帮助你补充原始品牌信息的人，如公司员工、贵宾客户，并与熟悉公司品牌的个人和企业定期交流，向他们请教，看看他们能否帮你把事实和公司特征清单转变为以解决方案为动力的愿景声明和使命宣言。因为对他们来说应该很容易描述与贵公司打交道是什么样的。

于是我建议凯丽先从客户着手，询问他们对于电力美甲或反射疗法服务过程的感受，特别是做完护理之后体会到的好处。她采纳了我的建议，听到了客户这样的评价："你们店里做的美甲能保持很长时间，而且不会脱落，为此我收到了很多赞美呢！""我喜欢你的美甲店，不像其他美容沙龙那样有浓重的有毒雾气，一闻到那股味我就头疼。""我很关心环境，因此在使用环保产品做美甲的店里感觉很舒适。"

这些评价背后隐藏着营销的黄金法则，你看到了吗？凯丽的客户并没有提到美甲的费用、服务的时间或是提供的美甲油颜色,而是全部聚焦于整体体验和对专业护理的感受。这些评价充满了洞察力,生动翔实地描述了凯丽真正想传达的价值观:优质服务和尊贵的客户体验。现在她可以利用这些信息强化品牌,有力地讲述更为动人的品牌故事了。

客户给出的这些品牌信息非常有价值,因为这直接关系到行销活动。首先可以从电子新闻报和公司网站入手,刊载这些信息、接受采访时一定要提到这样的信息(接下来的几章会继续探讨这一问题)。但是要正确使用这些信息,需要整合所有优势,形成可供使用的公式。建议做成下面这样的表格形式,直观明了,左侧一栏中列出公司的事实和特征,右侧一栏中列出与品牌塑造相关的信息(或者成为"价值定位宣言")。

| 产品或服务:事实和特性清单 | 品牌:品牌价值和品牌故事 |
| --- | --- |
| 所有产品均不含有防腐剂,指甲油"三无":无甲苯、无甲醛、无邻苯二甲酸 | 关注您的健康、爱护环境 |
| 美甲长期不脱落 | 美甲次数减少,以高质量的疗法为您节省资金 |
| 做美甲水疗的教育顾问;为一流水疗美容院和美容沙龙提供先进的培训服务;成为国内最好的美甲和足部护理机构 | 经验丰富的专家服务,做真正的行业领军人 |

"现在我意识到了自己就是品牌。"凯丽说,"从专业的语言服务选择到着装的方式,从客户看到的网站外观,甚至是人行道上摆放

的美甲店标识，所有这些都是互相作用、互相补充的，这样客户从走进美甲店的那一瞬间就能够感受到品牌气息。"

## 第四步：创建一套多媒体品牌化指南

大多数公司如果在品牌塑造方面下足了功夫，就会使用收集到的信息开发出一套品牌塑造指南，或常被称为品牌蓝图或品牌圣经。就字面意义来说，品牌蓝图或品牌圣经就是一本概括一切营销交际情景的印刷手册或在线指南，其中包括前面展示的品牌塑造传播表格，也包含将要介绍的品牌发展其他方面的结构和指导。品牌塑造指南取决于设计和获取方式，可以帮助新员工、顾客等所有想就品牌展开交流的人。

最近我偶然在Twitter网站上发现了Twitter的品牌指南。无须咨询律师就可以使用Twitter的品牌信息，Twitter就是本着这样的理念设计的，同时也恰如其分地保证了营销活动的连贯性和正确性。Twitter的品牌塑造指南解释了如何在互联网、T恤衫和书中引用Twitter商标和图示，提供了10种不同的商标使用方法，并解释了如何依据背景影像的颜色具体使用。有了这样的品牌指南，企业内外部的所有人都遵循同样的规则，以一致的方式交流品牌。

管理品牌并非易事，一致性问题会影响不同规模的公司。如果大家都以错误的方式、不当的言辞谈论公司，那么品牌就会失控。在微软工作时这样的事我就见过几次,虽然微软公司有一支才气出众的企业品牌塑造团队,制定了一套出色的品牌指南。在同一时间内,微软在世界各地销售的产品和服务都有几百种,对于这支团队来说监督所谓的"伞状"微软品牌确实极具挑战性。每一个分支品牌都有各自独特的一套品牌塑造指南,其中之一就是Xbox四周尖利的图像和具有争议的广告,另一个就是传统的品牌信息传播和营销,专注于生产力。下属品牌着眼于何处并不重要,只需要在虚线下面"伞状"微软品牌框架内,支持主要微软品牌即可。

但是这种情况也并不常常发生。当初MSN8发行的时候,产品营销团队决定独创蹊径来推广这一新互联网产品。MSN的商标是多彩的蝴蝶,品牌口号是:"有蝴蝶更快捷。"除了电视广告中人们身穿紫色的蝴蝶装帮助大家导航网站以外,MSN团队决定在纽约举行大规模的宣传秀。MSN8蝴蝶小队从纽约开始行动,其后横跨美国大陆到达了洛杉矶,沿途不断行善事,如探望儿童俱乐部(Boys & Girls Clubs)的孩子们。

但是仅在发布会的几天之后,《纽约时报》(*The New York Times*)的一篇报道中就写道:"市领导告诫微软将蝴蝶贴标移出市区。"哪里出岔子了呢?宣传秀中包括聘用临时员工戴着蝴蝶标识、穿着滑冰鞋游走于城市各地,散发促销贴标。在这些人沉浸于奔走宣传品牌的喜悦中时,临时聘员将曼哈顿人行道、门廊、交通标志和种植园上覆盖满了大大的胶装蝴蝶,宽达12到20英尺。

宣传秀被视作"企业涂鸦",因此纽约法律顾问团队以丑化公共财产为名向微软公司致信,告诫公司立即将这些贴标从城市财产中撤下。信中警告说今后任何色彩明亮的蝴蝶贴标布置都将引起金钱赔偿,甚至是刑事控诉。这种品牌塑造的混乱局面毁掉了微软吗?当然没有。但是对于公司形象却毫无裨益(当时甚至有些人认为是傲慢自大、垄断的表现)。即使事先取得了批准许可,公司品牌在纽约室内外还是没有正确定位,因此需要不断地监督和管理品牌。

　　从那以后,微软公司不断努力恢复品牌声誉,帮助世界各地的企业和个人实现全面发展,用品牌来支持公司的愿景、使命和价值观。从IE浏览器的电视广告到香港的企业公民活动,微软正通过反映品牌的一切营销活动进行实践。

　　如果微软公司品牌塑造团队在实施"伞状"品牌宣传时更加严谨,也许蝴蝶贴标事件就可以避免了。但是和本章开篇提到的GAP公司事例类似,公众对于品牌的印象不仅停留在商标和贴标上。讲述微软公司的例子主要是提醒你拥有品牌塑造指南的重要性,这样才能超越营销活动的视觉方面。发展业务、传播服务的方式多种多样,涉及品牌如何同顾客交流时则需要通盘考虑每种情形。接待处员工应该如何欢迎顾客?语音信箱应该如何设置?贸易展览会上展厅如何布置?遇到顾客如何打招呼?企业传播媒介要传递什么样的形象?面见客户时如何着装?如何评价竞争对手?要给顾客写感谢信吗?写的话,是手写还是发送电子邮件呢?如何培训临时员工准确代表品牌形象?如何与市场打交道,交流企业信息?打算如何讲述品牌故事呢?或许更为重要的是,如何才能让他人帮助传播企业信息、传递正确的品牌信息呢？

除此之外，还要记住：品牌形象如同每个人的个性一样可能随着时间而发展。20多岁时女性喜欢穿牛仔裤、高跟鞋，到了60岁左右可能会喜欢穿裙子和平底鞋。从公司内外的视角不断监督核心品牌属性，必要时进行适当调整，不断更新品牌指南，与时俱进。人的个性会随着人生经历和环境的变化而变化，如果生活顺利，每一个人生阶段都将学到新事物，进而不断成长，不断书写新的人生故事。企业品牌和支持品牌的营销信息、行销活动也要不断发展。

定义了品牌，建立了品牌指南，接下来该怎么做呢？下一步就是要和公众分享，确保人人都以预期的方式进行品牌交流。例如，如果一名顾客在举办晚宴的时候和朋友谈起了你的书店，你觉得他会说什么呢？应该把你想要传递的信息分享给客户，让他们容易分享你的品牌故事，轻而易举地赞美品牌。这正是下一章将要探讨的主要内容。

## 营销思维模式

回顾本章所读内容，回答下列问题：

1. 你会用哪五个词或属性准确描述品牌或者企业的"个性"呢？
2. 你认为公众和或现有顾客会如何评价你的企业？
3. 你会联络哪些人来获得品牌的新鲜视角呢？

- 员工

- 顾客

- 临近企业

- 同事

- 合作伙伴

- 其他

4. 你已经拥有品牌化工具包中的哪些必备项了？

- 商标

- 品牌口号

- 品牌推广

- 其他

5. 列出当前所有与客户进行品牌沟通的方式，可能包括下列方面：

- 网站

- 手机应用

- Facebook

- 宣传册

- 语音邮件

- 制服

- 商品展览会展棚

- 在线视频

# 第四章

# 寻找合适市场

我最喜欢的众多客户中,有一家公司是做松露巧克力的。因为我特别喜欢吃巧克力,每一次商务会谈,他们必定带来一大包巧克力。那时候我的搭档斯蒂芬妮·罗兰(Stephanie Rowland)正在节食,所以只有我一人独享美味。他们生产的巧克力是我吃过最可口的,产品质量无可挑剔,而问题主要出在营销方面。巧克力本身不易保存,在保质期内要将所有巧克力销售出去,需要更多的顾客。

该公司为一对母女所有。第一次会谈中,她们就申明自己的目标:"我们经济困难,因此要尽快赚钱。"除了销售给亲戚朋友,公司也有一些批发业务,不过也仅限于此。由于捉襟见肘,营销经费十分有限,她们急需帮助并且迫切想要看到成果,所以请我们帮忙。

随着会谈的深入,她们提出了许多有益的建议。虽然我也支持开展看上去很酷、充满创意的营销活动,但在花费时间付诸行动之前,我想充分了解她们的目标市场。"你们的顾客是谁？"我问她们。"喜欢巧克力的人们。"她们几乎是不假思索地答道，而这恰恰是问题所在。

看出她们的回答有什么问题了吗？或许你还没有，不过我马上会解释这个答案的问题所在。表面上看，答案显而易见，目标市场当然是那些喜欢产品或服务的人，在这个案例中，也就是喜爱巧克力的人。但这一群体过于庞大。世界可可基金会调查显示，人们喜爱成千上万种不同的巧克力，可可豆每年的销量多达三百万吨以上。由此不难看出，营销信息传播的受众是多么庞大。

把营销信息传递给庞大的客户是可以实现的。一些大公司采取"广撒网、多祈祷"的营销方式获取庞大的客户数量。他们一般会到处贴传单，或直接邮寄大量广告（广撒网），然后期望有人会慕名而来购买产品（祈祷）。例如，1968年，由著名的奥美广告公司（Ogilvy & Mather）牵头，美国好时食品公司宣布实施全民广告计划。这一计划最初报道于1970年7月的星期日报的增刊上，随后的两个月全国电视及广播争相报道，活动成效立竿见影。早些时候，也就是1963年，好时巧克力公司刚刚吞并了H.B.里斯糖果公司。此后，里斯花生酱杯子蛋糕及好时巧克力销量显著增加。

在过去的美好时代里，营销比现在容易操作得多，把信息传达到广阔的市场并不是一个艰巨的任务，就算小公司也能够实现目标。那时候，如果你在主街道上开了一间糖果屋，一定清楚地了解哪些人是自己的顾客，大家是喜欢吃黑巧克力、牛奶巧克力还是白巧克力，又或者是果仁夹心巧克力。如今，随着网络的发展、智能移动设备的普及，人与人交流的方式不计其数，不论是同城还是异地联系都很便捷。

随之而来的却是巨大的压力，认为自己的客户应该是所有喜欢巧克力的人，对如此广阔的潜力市场传递营销信息是多么不切实际啊。告诉你个好消息，没必要这么做，你也做不到。喜爱巧克力的人的数量太庞大了，营销目标不可能符合实际，更别说设定SMART具体目标了。如果一意孤行，最终只会铺大摊子，让你心力交瘁，同时见不到任何成果。例如，怀俄明州科迪镇的牛仔城糖果公司（CowTown）虽然有自己的网站，但也没有试图把美味销售给世界上每一个喜爱糖果的人。

## 目标市场和特定市场

与前几章一样，我还是先解释即将提到的术语。目前本书已提到了目标受众或市场，也就是顾客或团队，即最想获得的广大受众。

目标市场是一个具体的顾客群体，可在原有目标市场的基础上进一步划分，细分为特定客户或特定市场。某种程度上讲，在客户群中划分特定客户的过程就像切分饼一样，客户群划分得越细，营销手段就越有效。

一开始，这家公司无法划分特定客户群，寻找众多的潜在顾客比细分特定顾客容易多了。但需要行之有效的营销方法，最好的办法就是深入了解客户个体。虽然不太直观，但为了深入了解客户个体，应该先深入了解自己的组织，即在传播营销信息前，花时间打造自己的品牌，并塑造品牌故事引起客户共鸣。塑造品牌故事是建立于愿景、竞争优势、机会和品牌属性基础之上的。

## 创建顾客群

下面继续讲述松露巧克力公司的故事，希望大家多注意细节。先来说说公司的两位负责人，之前已经讲过这是一对母女经营的家族小公司，母亲四十七八岁，掌管配方并且是店里唯一的技师；其他事情由二十四五岁的女儿负责，她既是店里的操作工又是管库员，还担任业务员、市场专员和销售的职责。她们两个都不熟悉糖果制作业，主要销售渠道是在聚会和特殊场合销售给亲戚朋友。

现在让我们转变话题，谈谈故事中我最喜欢的部分：美味的松露巧克力。我首先注意到的是这种巧克力非常大，不是常见的口香糖大小的松露巧克力，而是橘子那么大。包装也很独特：手工制作的糖果用美丽的彩色箔纸进行独立包装，反映了巧克力的不同口味——绿色箔纸包装的是朱古力薄荷口味，紫色包装的是树莓口味，与众不同的赤褐色箔纸包装的是摩卡口味等。包装好之后放在细长的方盒里，每盒里有十种不同的口味。选材取自当地新鲜食材，尽可能地支持有机产品生产者。

处理完公司、所有者和产品的这些详细信息之后,那么顾客是谁呢?仍然认为顾客应该是全世界喜欢巧克力的所有人吗?当然不是了。这是找出特定市场有趣的地方:需要刻画、识别各种顾客群。如同切分饼一样,不可能每个切块都一模一样,虽然可能存在共性,但是每个部分都是独特的。

现在效仿松露巧克力公司的做法,设想一个无限庞大的目标市场。如果是经营一家宠物商店,目标受众就是所有的宠物主人。一名会计师?那么目标受众就是所有需要税务服务的人。经营一家在线杂志?那么目标受众就是所有喜欢阅读的人。从完整的饼状图开始,如有需要重新回顾原始的愿景。梦想可以无限大!创建一个巨大可口的市场大饼。

接下来可以开始在空心圆内画线了,刻画出代表不同人群的顾客群,理清每一顾客群对不同传播信息的共鸣情况。例如,一些喜欢巧克力的顾客可能愿意试吃松露巧克力,因为他们尊重家族企业,另一些顾客可能是支持女性企业或者是支持小型企业的人,其他人可能是欣赏糖果艺术外观或是欣赏手工制作产品的人,总之每个顾客群都占有一席之地。

还有人可能只对采用当地的有机原料充满热情,还有人是因为重视送礼物时与众不同,喜欢糖果独特的包装。就这样,不断细化客户群,将原始的目标市场划分得足够细致,直至没有剩余为止。

所以,至少应该划分三个顾客群(往往会超出三个),这时就需要组织的品牌属性与顾客需求、价值观相一致。

创建了所有独特的顾客群之后，为每一个顾客群补充细节非常有用。方法之一就是从基本的人口统计信息着手：该顾客群中顾客的年龄是多少？性别分布是怎样的？种族情况如何？都住在哪里？有自己的住房吗？就业状况如何？

接下来就要深入挖掘，透过他们的内心世界和想法了解他们的生活方式。他们的爱好是什么？知道他们开什么车吗？是坐公交车吗？是喜欢看书还是浏览博客？有孩子吗？有办法知道他们的政治活跃度吗？

另一种方法就是从头到脚描述你了解的一位客户。如果创业初期还没有客户，那么可以发挥能动性，自创一位顾客形象，也就是勾勒出一幅图画，描述需要公司产品和服务的人。史黛丝·安德森（Stacey Anderson）目前就处于这一境况。史黛丝是新杂志《有条理做事》（Getting Organized Magazine）的发行人，正在努力建立读者群和订阅者。史黛丝作为职业组织者涉足该领域，杂志的第一项营销活动是针对其他组织者举办的。为了促进杂志发行，史黛丝现在需要扩大市场、获取不同的客户群：那些忙碌、生活缺乏条理的妈妈们。

下面是史黛丝完整描述理想顾客（以下称之为玛丽）的阐述：

玛丽（Marie）是35岁到55岁的已婚女性，且育有孩子，是一名自由职业者或是兼职人员。玛丽总是寻找最新工具试图让生活条理化，她经常在Target、康泰纳零售连锁店（The Container Store）、

Bed Bath & Beyond等地购物，喜欢通过Facebook、Pinterest等社交媒体与亲朋好友保持联络，喜欢阅读有很多建议和小贴士的杂志，如《返璞归真》（*Real Simple*）《美好家园》（*Better Homes and Gardens*）和《喔！奥普拉杂志》（*O: The Oprah Magazine*）。玛丽对各种信件、收据、孩子的日程表等各种琐事束手无措，而且不会管理时间，但是却能熟练处理电子邮件。

虽然史黛丝的读者数量还不够多，但是她已经做好了充分准备，获得了目标受众的很多信息，可以利用这些细节开展营销活动，相信可以有效获取目标受众。这就是了解自己的品牌，利用顾客群数据推动企业发展的力量所在。

## 顾客关系管理

了解信息是一回事，实际印证和利用信息促进企业发展是另外一回事，而这一过程就被称为客户关系管理（CRM）。如今市场上有很多好的CRM工具可以使用，方便企业管理客户数据。我和各种组织合作过，使用的工具既有Excel表格也有被称为Sage ACT的产品，这些数据库工具几乎可以记录和管理关于客户的一切细节，与客户交流的日期、交易历史、客户生日等应有尽有，还可以进行数据追踪。社交媒体正迅速改变着我们与客户交流的方式，随着在线交流的不断增多，商业也开始关注到这种变化趋势。社交网络中涌现出一些性能优异的沟通管理工具，能帮助企业更好地开发和管理客户关系。诸如Salesforce.com等工具有助于深入挖掘客户信息，获得客户关于公司品牌的在线反馈。不论是实体店还是网络，总有方法创建顾客资料、管理客户关系以支持客户的购买决定。

最后，如何获取信息并不重要，重要的是充分利用所得信息。企业常犯的一个大错误就是在某一体系上投入大量资金和时间后不做后续追踪工作。切记过程不要过于复杂。不论读到、调查到或是从同事那里听到了什么，如果写在记事本上更容易管理三大主要顾客群体，那就这么做！如果有自己的销售团队，有能力投资设置Salesforce.com，那就果断投资！使用的过程要适当，能够帮助你收集所需信息，向适当的顾客传递品牌故事。

收集到的特定客户信息越多，营销活动定位就越准确，从而获取客户并与客户产生共鸣。把独特的客户细节或"原料"填充到客户饼状图中，可能各个客户群会有重叠的部分，但是没有关系。可能某个客户群爱听广播，既有男性也有女性，另外一组是5到10岁的孩子，但也包含了仍旧喜欢阅读纸质文本而不喜欢在线阅读的青少年。

## 如何取得目标市场信息？

这时候一个常见问题就是："我该如何找到客户的所有信息

呢？"问得好！获取客户的方法有很多，进行SWOT分析（见第二章）时一些顾客就自动涌现出来了，有时候与客户交流还能直接感受和体验这一过程。例如，可能客户提到了自己正在读的一本地方商业杂志，或是一位支持者在寄来捐款的同时信封上贴了一张宣传乳腺癌常识的标签。或许大部分读者会在博客评论区抒发自己的观点。仔细观察就会发现客户故事的细节通常唾手可得。

有一家公司主营教堂管理软件，在缩小广泛顾客群、发现具体目标受众信息方面做得很好。我的一位同事马特·海因茨（Matt Heinz）创办了海因茨营销公司，帮助该企业在全国范围内找到营销和销售的好方法。"起初他们想要国内的每家教堂都成为自己的客户，但是我告诉他们要想提高成功率必须要缩小范围。"马特介绍说。为此他提出了几个标准。如果教堂没有很好地掌握科技，那么说服他们购买软件有一定难度。马特说："对于这样的教堂，我就会问'你们有自己的网站吗？'"这个简单的问题就排除了一大堆不符合条件的教堂，然后再考虑教堂规模、增长率和教派等问题，其中大部分信息可以在线搜索到，或是打几个战略定位的电话就可以搞定。

在划分客户群（特定市场）的过程中，马特能够帮助客户识别最具潜力的客户：大型跨教派，并且通过重视科技创新、应用科技实现高增长的教堂。它们确实存在数据管理问题，因此非常有可能购买软件和服务。事先做好准备工作，在广泛的市场中划分出具体的细分市场让马特的顾客受益颇多，营销活动也更有针对性。

通常来说，相较于完全依赖网络的组织，实体企业或服务型企业更容易收集客户的详细信息，原因在于：虽然亚马逊网（Amazon）一清二楚地知道我的购书记录，但是个体书店，比如拉文纳第三空间书店（Third Place Books）的经理却了解我的很多其他信息——知道我养了一只猫；上周因运动过度诱发了足底筋膜炎，现在正慢慢复原；想学会烹饪一手好菜；喜欢听讲座；性格外向；超级喜欢纸杯蛋糕和印度食物；等等。掌握了我的这么多信息，看到我走进书店会没有图书可以推荐吗？一定有！

## 没有市场怎么办？或者想改变目标市场该怎么办？

还没有顾客？这确实面临挑战。没有顾客可以交流，那就准备创建一个网络社区吧。亡羊补牢为时未晚，还有希望！可以尝试做到以下几点：

如前所说，可以自己创建客户。假设客户是谁？或者理想客户是谁？如果有人走进你的店面或浏览你的网页，你希望他是谁？建立目标市场的方法之一就是找到竞争对手的顾客。市场上有可填补的缺口吗？不妨在网上查找类似企业，读一读他们的客户评价和评论，了解客户的喜恶。

例如，我家附近五个街区内有三家寿司店，如果你想在这里开寿司店，即使产品和经营理念完全不同，也可以浏览竞争对手的网站，从顾客反馈意见中学到很多，还可以在Urbanspoon.com、Yelp.com和

Citysearch.com等网站上的评论区查看客户评价，还可以阅读老式报纸上的餐厅评价专栏。

谈到老式的东西，还可以做点侦察，走进竞争对手的餐厅，享受生鱼片拼盘，边吃边观察顾客。做一回秘密买手，购买各式各样的东西，尽可能多地提问服务员。如果这让你感觉不舒服，可以让员工或朋友出面。当然还可以聘用咨询顾问提供正式的秘密买手服务，写成竞争研究报告。

关注行业动态和专业组织发展同样有效。多与人交流，参加贸易展览，获得商会、小型企业管理局或其他行业联盟的支持，可以进行试销市场小组座谈，派发调查问卷，或是在当地图书馆查阅资料。第二章中进行SWOT分析时讨论的所有技巧和工具同样适用于调研目标市场。这种潜力是无限的。开始定义客户基础时务必要建立在品牌基础之上，这样人们才会聆听你的品牌故事。

如果想改变客户或是放弃现有客户呢？没问题！我知道这听起来有些刺耳。我曾与一名出色的婚礼摄影师合作，她想转换到另一个不同的市场中去。她学的是新闻摄影，但她想把摄影技术应用到全家福和婚庆摄影行业中。不幸的是，这样就意味着费用会升高，因为要花大量时间观察新郎新娘，才能以独特的视角捕捉特别的时刻。不同的定价模式和过程必不可少，还需要以截然不同的方式讲述品牌故事，而且无法保证所有老顾客都会继续合作。改变了业务模式就需要放弃部分老客户，找到新顾客，把新"原料"填入饼状图的空缺位置。

## 为特定市场量身定制营销活动

定义了目标市场和特定受众、真正了解了主要客户群，就可以开始营销活动了。首先要倾听顾客需要，然后满足顾客需要。不同的顾客喜欢不同的营销方式和内容，因此可能需要创建几个不同的营销信息，将品牌故事细化，向不同客户群讲述不同的品牌故事片段。营销者应该首先瞄准一个特定市场，然后逐个攻破。

回到松露巧克力公司的例子中。我们划分了三个客户细分群：当地精品酒店、当地餐馆和当地企业的行政助理，这时你会发现仍然需要发掘每个客户群的重要信息。例如，需要找出在枕头上放置巧克力的酒店、具有可持续有机菜单的餐馆和需要高端礼物送给客户的行政助理。

获取了以上细节就可以着手建立与各个客户群产生共鸣的不同营销信息了。不要用巧克力的事实和特征对客户狂轰滥炸，而是要告诉客户松露巧克力的益处，提升组织的价值，最终能够改善生活的好处。针对酒店和餐馆，要大力宣扬使用的有机原料和制作的艺术过程；对于行政助理来说，则着力宣传高档包装和艺术形态。松露巧克力公司管理者还可以亲自给酒店和餐馆发放一页简短的巧克力说明书，还可以提供几个免费样品；而获取行政助理客户最好的办法就是给他们发邮件，邀请他们参加免费试吃活动。下面几章将讨论如何创建实际行动方案，但这是如何开始融合和匹配信息，更有效地向目标市场传达品牌故事。

对于服务型企业同样适用。例如，为各种企业和银行高级职员做主题演讲时，我常常分享自己在微软工作时的亲身体验；主持小型企业负责人讲习班时，就会突出管理家族企业的经验，分享与企业家合作的经验。

马来西亚非政府组织佩克斯基金会（PACOS Trust）致力于为每个顾客群量身定制营销活动，讲述独特的品牌故事。佩克斯基金会以社区为基础，由志愿者管理，致力于改善位于婆罗洲北部的马来西亚沙巴州原住民社区的生活。受美国国务院邀请到马来西亚演讲时，我才了解到这一地区和这个组织的存在。沙巴州是我去过的最非凡的地区之一：美丽的国家公园随处可见，河流蜿蜒流淌，群山巍峨耸立，野生动物保护区完善，丛林密布，还有浪漫的海滩风情。虽然沙巴州内陆地区人口稀少，只有零星分布的几个村庄，但是开发工作如火如荼地进行着，侵蚀着自然土地形态，影响了原住民的生活。

为应对可持续发展问题，佩克斯基金会执行董事安妮·拉斯姆邦（Anne Lasimbang）管理土地使用权、资源管理等多个项目。其中推动组织不断前进的项目之一是社区教育，为沙巴州农村地区提供儿童早期保育和教育服务。"项目乍看貌不惊人，再普通不过了，但是却让佩克斯基金会成为马来西亚最受人尊敬的非政府组织之一。"安妮介绍说。为了项目能够取得成功，佩克斯基金会需要在偏远农村地区聘用女性，帮助她们成为社区领导。工作中困难重重，因为农村地区大多数女性没有接受过教育，而且缺乏自信。此外，佩克斯基金会使用的营销信息必须根植于本土文化，否则无法与原著居民产生共鸣。

佩克斯基金会仔细斟酌了上述所有问题，创建相关的营销活动、准备宣传材料。由于当地女性不识字，村子里也没有便利的科技条件，因此佩克斯基金会无法给她们发邮件，也不能发传单，只能单纯地依赖口头宣传。社区活动期间，佩克斯基金会创建了引人注目的图片展，从情感层面上吸引了当地女性，获取了目标客户群体。"这些女性获得了信息，树立了自信，就能够为自己做点事，同时为改善社区出力。"安妮继续说道，"其中一例就是Kipouvo女性小组，他们负责农村社区寄宿家庭项目。这些女性通过儿童项目组织起来，而后取得进步。"

有一年，佩克斯基金会与总部位于英国的志愿者旅游公司Camps International合作为沙巴州输入游客。"Kipouvo村是目的地之一，那一年村里赚了45000吉特（马来西亚货币，约合12000美元），对这些乡下女性来说真是一大成就。"故事说明，就目标市场而言，实现目标、推动企业发展的最好方法就是细分你的品牌故事和营销信息，满足现有目标受众的需求。

## 特定市场的利与弊

某些情况下，缩小范围感觉好像限制了选择权，选择关注特定顾客、放弃其他顾客同样具有挑战性。在职业生涯早期，我就经历了这样的挑战。这一过程让我回想起痛苦的初中时期，那时候我没能入选躲避球队。我不希望这样的事情发生在顾客身上，我希望品牌信息、品牌故事能够打动客户，让小型企业、非营利组织甚至艺术家、政府机构、学校和公司等人都能受益。我不希望把咨询服务局限在以上某个单一类别里，但是最终我发现这不只是我一个人的问题。

也许分享交际策略和传播策略专家巴里·米兹曼（Barry Mitzman）的观点能够更好地解释以上原因。十多年前我第一次与巴里合作，那时他是营销传播公司SS+K的副总裁，SS+K为微软集团提供服务，因此巴里也是微软公司战略传播处主任，现在他还是西雅图大学战略传播中心主任、战略传播学教授。

他认为有效讲述品牌故事的关键在于别自以为是，也就是说不要只考虑自身的需要和欲望，而是要以顾客为中心。顾客需要什么？公司的产品、服务、品牌故事和公司本身如何满足他们的需求？首先，要理清如何实现相关性。其次，基于顾客已知信息，通过提炼几个简单的关键品牌信息，即迫切需要传达的重要观点和目标受众关心的重要问题，建立与目标受众的联系。"从某种程度上说，有效、具有说服力的沟通非常重要。"巴里说道，"要赢首先要放下自我。"

巴里说得对，定义特定市场过程的神奇之处在于事实往往与想象背道而驰。缩小关注范围不仅不会限制选择权，还会扩大选择范围，每个客户群都能获得巨大的自由空间。如果把注意力准确集中在需要获得的受众身上，就会意识到最初的饼还是一样大，没有丝毫损失。所有这些细小、特定的顾客群加起来仍然是一块大饼，你只是给予了需要关注的顾客群应得的注意力。实际上，市场的大小根本没有改变，而是针对每个特定市场提供量身定制的营销活动，每一块都获得了更多的收益机会。

除了受限的感觉之外，有些人一想到要将顾客基础划分成顾客群就不知所措，担心创建繁多的顾客群一定会导致客户过于分散，没有足够的时间和预算来管理。这种担忧纯属杞人忧天，因此我建议每次划分三到五个客户群，视具体的时间和资源情况而定。

想想看：如果重新回到饼的类比中，你可以把饼切分成16小块，但是我确定感恩节时这个供应量肯定不够，也就是说没有给予顾客需要的所有信息和应得的关注度。曼雅·伽拉梅雅·麦克维于2005年开创了服装咨询公司"飞行衣橱"（Closet Fly），从那以后，她帮助各种身高、体型，不同年龄段、收入段的男女老少变得时髦起来。为了有效地开拓市场，她关注了广泛的顾客市场：处于生活转变期的女性。但这并不是说她直接放弃了男性顾客，而是女性是公司的顾客主体，因此营销活动要在大部分女性顾客中产生共鸣。

这些年来曼雅定义了五种特定顾客群：

- **新晋妈妈**：这一阶段的女性经历了人生的重大变化，曼雅知道如何帮助她们感觉良好、穿着得体，不论她们能否恢复生育之前的身材。

- **空巢老人和退休人员**：孩子们离家之后，很多女性又重新为自己考虑，开始买新衣服，这些退休人员橱柜里装满了无用的职业装，曼雅知道她们需要什么。如果某位女性正经历热潮红等生理变化，那么更年期等中年生理变化可能也会导致衣橱发生变化。

- **职业人士**："有些女性既没有转变职业，也没有获得职位晋升。"曼雅说道，"以前她们穿着休闲，现在需要改变工作着装，或者是反过来的情况，如果离开公司自己创业的话，那么着装选择就更多了。"

- **体重变化的人**：曼雅还将刚刚瘦身或发胖的女性视为目标顾客，不论是由于健康问题，还是刚刚开始了节食或运动减肥计划都无关紧要。"两种情况下体重都发生了变化，新身材需要换新装，而且需要学习如何着装。"

- **离异人士**："离异女性或许会重返职场，依靠着装获得良好的自我感觉。"曼雅说，"她们经历了痛苦的离婚过程，想要良好的自我感觉，需要看起来性感，准备好迎接新的生活方式，当然也包括外表的改变。"

细分饼块的数量取决于时间的长短和资源的多少，如果五个对曼雅来说刚刚好，那么也可能适用于你。

读完本章相信你会明白划分目标市场利大于弊。而且划分目标市场的过程可以让你调整传播途径和营销活动，以便获得合适的目标受众，取得更好的成果。收集到的所有客户信息和细节都是无价之宝。有了这些数据，营销活动就简单多了，也会更加有效。讲述品牌故事时要加以选择，理清每一部分品牌故事讲给谁听，就能更快地获取成果。

## 营销思维模式

回想本章所读内容，回答下列问题：

1. 最广泛的顾客基础是谁？如果有效，画出一幅饼状图，谁占的比重最大？

2. 完整描述顾客中的一位，或是期望获得的顾客。尽可能地补充细节，可以包括以下各方面：

- 年龄
- 地域
- 种族
- 性别
- 政治地位
- 就业状况
- 家庭情况

3. 在问题2的基础上，创建三到五个特定顾客群，并分别描述每个顾客群。

4. 完成搭配：将公司信息与适当的顾客连接起来，哪些人需要听到品牌故事的哪一部分？

5. 有无制定顾客关系管理方案和流程？如何改善呢？如果尚未制定CRM，可以使用什么方法来改善、追踪和使用顾客数据？

# PROPEL

Five Ways to Amp Up Your
Marketing and Accelerate Business

## 第三部分

# 取己之长
### 广而告之,事半功倍

H. E. 卢克柯克(H. E. Luccock)

个人无法吹出交响曲,只有整支乐队才能演奏出来。

本书写到这里，你已经找到了最棒的营销策略，明确了产品和服务最适合的地方，了解了如何将自己的产品品牌化、如何缩小受众范围，从而恰如其分地向目标受众传递迷人的品牌信息。任务没有大小之分，本书的第三部分将告诉你不要单枪匹马，客户、合作伙伴和意见影响者（如媒体）是作为虚拟团队扩大营销范围的外部力量，能够让营销更有影响力。

第五章将解释客户关系网，告诉你如何建立更为有效和真正的客户联系。作为品牌形象大使和公司形象代言人，在接触客户时，要强化营销力度、增加客户，在提高企业成功率上助你一臂之力。

第六章将展示合作伙伴关系和联盟的重要性。虽然听起来有些违反直觉，但是与竞争者合作确实能够增强营销效果、更好地为客户服务。本章还将介绍实现合作的创意范例和其他推动企业发展的合作伙伴模式。

第七章将概述如何创造并强化与不同类型媒体的关系，如何让PR努力更为有效。虽然媒体世界正经历着翻天覆地的变化，但这些方法是经过事实反复证明的，至今仍在沿用。这一章还将介绍如何将PR与社交媒体活动融为一体。

以上章节将讲述如何通过与三大有力群体：客户、合作伙伴和媒体建立合作项目以增强营销效果。营销范围扩大之后，你在技能和天赋的帮助下会事半功倍，实现超乎期望的成功。

# 第五章
# 影响客户

"印度风味"是世界上我最喜欢的一家餐厅,在那里用餐给人一种难忘的体验。首先从餐厅建筑说起,"印度风味"坐落于繁华的单行大街的一个角落,餐厅建筑外表面黄白相间,但是一走进去仿佛置身于奇幻的魔法世界:色泽艳丽、做工精致的壁毯铺挂了墙壁,厨房里阵阵飘香,舒缓抚慰的印度音乐不绝于耳。一杯免费的印度茶在这个受欢迎之地通常不可或缺,并且是你能品尝到的最香浓可口的味道。

"印度风味"由穆罕默德·阿尔罕·巴蒂(Mohammed Arfan Bhatti)和父亲共同经营,这个家庭餐厅已经有三十多年的历史。店内播放着舒缓的印度音乐,所有员工竭尽全力为每位顾客提供热忱周到的服务。除了无懈可击的服务外,店内的各种美食更是不在话下:既有厚重的咖喱、奶油马沙拉、橙红色的印度烤鸡,又有满满一篮的热腾腾的大印度圆面包，总之每个人都能在这里找到自己喜爱的美味。

穆罕默德是一位乐于助人的老板，每天晚上打理餐厅的时候，他并不会躲在收银台后面，而是在店中走来走去。碰到紧急关头的大聚会或上餐晚点时，他可以迅速帮助员工摆好桌子，并呈上免费开胃小菜。

那天晚上，漫长的忙碌之后，我决定外出，去我最喜欢的餐厅吃饭。我筋疲力尽，用餐的大部分时间都在埋头看杂志。就在我用餐完毕准备要服务员结账的时候，服务员笑着说："今晚免单。女士，穆罕默德帮您付了费用。"我不禁大吃一惊，简直是喜出望外。走出餐厅时我找到了穆罕默德，多次致谢。问他为什么这次如此慷慨时，他谦虚地答道："看上去您熬过了艰难的一天，应该享受一顿美餐。"

我再三地光顾这家餐厅是有原因的，当然并不是希望每次都得到免费的膳食，我可不想不劳而获。除了那里可口的美味，那天晚上穆罕默德和店里员工给了我积极的体验，恐怕这辈子我都不会忘记，而且会不断地向他人讲述。

本章主要介绍的就是如何为客户创造难以忘怀的体验。正如故事中讲的那样，不需要什么大事，可以只是一杯简单的印度茶。关键是运用现有的一切资源与客户分享品牌故事，让客户能够成为品牌信息的歌颂者和传播者。

## 需要更多客户吗？

不论是经营马来西亚慈善机构，还是管理像波音一样的大公司，几乎我供职的每一家公司都认为自己迫切需要新客户。为什么会这样呢？因为大多数人认为客户的数量与企业的规模和利润成正相关，常见的咒语似乎应该是："多！再多！更多！"唯一例外的应该就是那些小型服务企业，每天发展的客户屈指可数，但是总有一天他们也会跻身这一行列，争相发展新客户。

保住现有客户已经困难重重，增加新客户无异于雪上加霜。如果营销不得体，人们只会无暇留意，充耳不闻，带着挑剔的眼光去审视，最终只能遭受忽视。这种结局是有必然原因的：当今社会人们都很忙，麻烦不断，而且多疑。

### 1. 人人都很忙

现今社会人人都忙得焦头烂额。付账单、照顾孩子、修车、看病、给朋友过生日等，虽是了了琐事，却都需要花费时间。排除万难挤进别人排满的日程和工作清单中并非易事。过去只要简单明了地展示信息，如竖起广告牌人们就能看到了，在广播上播放广告人们就能听到了。应该说过去是卖方市场，可以将顾客玩弄于股掌之中，但是这样的日子一去不复返了。现在必须要发现抓住顾客注意力的方法。首先要尽可能地站在客户的立场上思考。

## 2. 人人都遭受狂轰滥炸

现在人们被不计其数的信息狂轰滥炸。据调查统计发现，普通客户一年见到或听到约两百万条营销信息，每天接收的营销信息超过了5000条。想象一下：早上一起床，按下SONY闹钟，收看NPR新闻，直到晚上用佳洁士刷牙，穿上GAP牌睡衣，躺在从Bed Bath & Beyond买来的床单上，就已经接触到很多品牌，听到很多营销杂音。还有应用程序！我怎么忘了手机应用程序呢？但是没有人能够关注所有的信息，因此必须找到突破之法，冲出这些混乱的营销杂音重围。

## 3. 人人都多疑

由于时间紧迫和信息过载，人们对于促销信息和活动往往多疑。这也没有什么奇怪的。生活在这个过度营销的世界着实不易，也正是因为有了劣质营销的存在，人们的容忍度陷入了前所未有的低谷。这几年来客户收到了各种各样的垃圾邮件，因此碰到不熟悉的邮件地址就会毫不犹豫地删除。大部分人把纸质信件直接丢到垃圾桶，除了账单通知或来源清楚的邮件，其他都立即扔掉，直邮广告专家预测不阅读邮寄营销材料的顾客高达80%。至于电视广告，除了美国橄榄球超级杯大赛期间，人们往往尽可能地过滤掉广告，他们筛选来电号码避免推销人员喋喋不休的宣传，销售人员企图绕开所有的"请勿打扰"标牌，但除非是顾客定了外卖比萨送货上门，其他时候很少有人会去开门。顾客处于掌控地位，精挑细选地接收信息，对于不想见到的营销信息和材料总是闭目塞听、充耳不闻、防线高筑。

## 维持现有客户

怎样才能让人们既关注公司又与公司建立联系呢？如何才能赢得顾客、说服他们行动呢？我知道这些挑战听上去令人却步，但是解决之道却比想象中容易很多。首先就是充分利用现有资源，增强与现有顾客群体的联系。做到了这一点，其他的就水到渠成了。顾客将成为公司的虚拟销售团队帮助公司扩大影响力，分享品牌故事，最终吸引新顾客。

事情是这样的：发现新客户的代价昂贵，花费的时间也很多，所以更好的补救方法是维持现有客户，创建方法让现有客户更多地与公司合作。因此我们就从这入手，利用手头拥有的资源，与客户分享最佳的品牌故事，其他的就顺其自然了。

## 关系循环

拥有顾客不仅是因为产品和服务，还因为与顾客建立了某种联系。许多公司犯的一个大错误就在于认为公司与顾客的关系是单方面的，事实并非如此。现在，已经不能简单地把信息强加于客户身上，不能单靠街边支起的广告牌来吸引顾客。和处理其他关系一样，首先要给予才会有收获。公司与顾客的关系就像是流水，时而前进，时而倒退，时而停滞不前，并且具有发展的潜力。

最后一点是关键，也孕育着顾客与企业关系的巨大机遇，有助于理解什么是顾客生命周期，什么是关系周期，帮助识别客户接受品牌的各个阶段。我们来了解一下所有阶段，以便你能够明白与顾客、合作伙伴和支持者建立关系的点点滴滴。

## 1. 了解

了解是潜在顾客第一次获悉公司或品牌的开始，可能是开车路过一栋建筑或在橱窗中看到的一块标识，也可能是浏览网页时不经意发现的网站；是尚未形成感觉或判断的时候，也是接触的最初那一刻存在于脑海中的反应。

## 2. 喜欢

喜欢是顾客从熟悉到对公司印象形成正面评价的过程，喜欢的原因因人而异：可能是因为公司的商标上有一只很酷的红色母鸡，而他们刚好喜欢红色；可能是浏览公司官网时恰好看到了员工的一张迷人笑脸，令人倍感亲切。情感的发生有各种原因。潜在客户现在不只知道你，而且还喜欢你。

## 3. 信任

如同约会一样，认为对方可爱迷人是一回事，让对方来家里接你进行第一次约会就是另外一回事了。关系进展到下一步时需要信任度，与顾客的关系也是一样。

可能是在最喜欢的社区博客上读到了你零售商店的正面评价；也可能是听到朋友谈论起你的会计服务，讲到你如何帮助他从旧的纳税申报单中获得了千元美金的回报；还可能是从公司员工的头像移到员工简历上，看到了令人印象深刻的工作经验。这时就在顾客脑中建立了额外的可信度。

## 4. 尝试

尝试阶段中，顾客开始尝试公司的产品或服务。可以是公司网站上提供的免费下载"十佳推荐"，可以是给潜在顾客拨打的信息通报电话，也可以是一份免费样品。最后一点对我来说很受用。我家附近新开了一家名为Confectional的蛋糕店，那天我恰巧路过（其实我已经经历了最初的三个阶段），只是确实不太喜欢吃蛋糕，所以无意走进去，更没有购买的想法。然而那个下午店门口提供试吃活动，我就尝了一块儿，谁知竟发现太好吃了！

## 5. 购买

不知不觉我就走近了小巧的蛋糕精品店，从店里员工那里获悉，原来他们用从西班牙进口的玛利亚饼干做出了口味浓郁、口感爽脆的蛋糕皮。猜猜怎么着？我竟然买了一些，虽然没有买一个全尺寸的大蛋糕，但还是买了一些巧克力松露蛋糕带回家。购买这一阶段就是这样：让顾客注意到公司的产品，自然就会购买你的服务，为你的事业贡献力量，而这已经超越了一见倾心的口味和品尝。

## 6. 重复

如果你目前所做的一切都正确无误，很有可能已有顾客会成为回头客，想着要重复体验，或是想尝试些新鲜东西。小型企业中，这就是了解老主顾的名字，开始建立关系的好机会。如果你在线追踪顾客数据，就会对这些固定顾客了若指掌。

## 7. 参考

此时，顾客已经到达了最后一个阶段，也是最重要的阶段之一。他们愿意为品牌打包票，也愿意向他人推荐品牌，可能不一定是他们认识的人。回到蛋糕店的故事中去，有一天我看到店门外有两个人正踌躇着要不要进去，我就随口说了句："这家的蛋糕很不错，还有迷你的松露蛋糕呢，可以进去试试哦。"他们听后就果断地进去了。

记住：这是客户与你联系的大概综述，并没有金科玉律。一些人会跳过某个阶段。例如，如果你迫切需要一个洁厕刷，肯定会直接去附近一家五金店，不论你是否信任店家或者以前有没有去过那里买东西。但是如果用这个品牌接受周期作为向导，就能够帮助你理解潜在市场，并与顾客、合作伙伴和支持者创建良好的关系。

## "良好的"关系是什么样的？

时下人人都为关系营销忙得团团转，其重要性可见一斑。但是没有人讲过关系到底是什么，建立良好关系需要什么，或最为重要的是如何维持关系、推动关系良性发展。关系的基本描述是这样的：双方或多方之间的联系。这一定义却没有提到关系的质量，这时就要靠营销了。营销就是要让人相信与你合作是值得的，传递的是价值和真正的利益。但是面对成千上万的顾客，甚至是只有几百个顾客，合作就变得困难了。

## 培养贵宾顾客

大多数人都听说过帕累托原理（Pareto principle），或称之为"二八法则"。把帕累托原理应用到公司中意味着，大多数情况下，20%的客户创造了约80%的公司财富，也就是说很可能要有一小撮对于公司成功至关重要的贵宾客户。像是赌场中挥金如土的赌徒一样，这些贵宾客户在公司身上花费了大笔金钱，了解、喜欢并信任公司，甚至还热爱公司！

他们很有可能已经与亲朋好友分享了公司的品牌故事，不断地给公司介绍生意，不仅订阅公司的电子邮件还仔细阅读。他们参与公司活动、忠于公司品牌、信任公司的产品和服务，不断光顾公司，不论是否给予感谢卡片或礼品卡，都可以竭力为公司服务。重点在于投资时间和精力在这些最重要的贵宾顾客身上可以将努力最大化，取得更好的成果。这些贵宾客户就是最有力、最有效的营销工具之一，如果能够尽可能多地与之沟通或为其量身定做一些服务，就会为公司构建积极的正面影响力。

如果还没意识到，那么就需要开始培养忠实的贵宾顾客。我并不是让你做"买一送二"的促销活动，虽然这类活动有一定的作用。我讲的是真正花时间去了解贵宾顾客，那些不断回头购买公司产品的顾客，然后为他们做些真正特别和有意义的事情。

以赌场为例。赌场为贵宾顾客提供各种服务，从顶楼套房、私人厨师到林肯汽车和管家服务无所不包。在行业内和财力允许范围内，你也要做到这样，需要发现贵宾顾客，认可他们并感谢他们。从下面的角度思考：他们现在正为公司做贡献；想象一下与他们分享更多的品牌故事，利用他们的热情和能力达到公司的发展目的。

下面举例说明，如何通过对一小撮贵宾顾客开展的小型营销活动，获得巨大收益。我曾与一位顶级室内设计师——美好家园（Enhanced Home）公司负责人合作。虽然他非常成功，但是受经济衰退的影响，正在经历一段暂时停滞期。阐明了总体营销战略，充分讨论了品牌传播信息之后，我们决定寻找方法帮助他与最为重要的客户重建联系，这些贵宾顾客是高端房地产经纪人和住房者。这位室内设计师是拉丁裔美国人，而这也构成了品牌故事的一部分。他购置了25套手工制作的精美杯垫，看上去完美无瑕，既代表了品牌——带有自己的身份标识，还与家居装饰行业相关。除此之外，他还定制了时髦的卡片，里面有手写的感谢信，感谢他们对公司的支持，表明与他们合作多么愉快。接下来的一周他的电话响个不停，几乎过去的每位客户都与他建立了新项目或是介绍了新客户，创收近十万美元。

培养贵宾客户，与之建立联系之前，应该先思考以下几个问题：

## 1. 贵宾客户是谁？

首先需要确保知道这些客户是谁，这就需要重新回顾定义目标市场和特定顾客群体的工作，深入挖掘、明确分析客户是谁。阿德里亚娜·麦迪娜（Adriana Medina）是福埃尔纳健身俱乐部（Fuerte Fitness）的负责人。作为私人教练，她每天都与客户并肩练习，可想而知她是多么熟悉客户，了解客户的基本信息，如参加什么类型的健身课、喜欢使用哪些健身器材等。阿德里亚娜特别了解客户，因此可以鼓舞他们，帮助他们度过人生路上的许多难关，提醒他们生活中什么是重要的、为什么要参加健身课。她帮助他们维持良好的体形，参加健美表演，激发他们获得足够的能量与活力跟上孩子们的步伐。客户分享人生希望、展示挑战时，她总是耐心倾听，她理解人际关系和最深层的恐惧。在她俱乐部的官网上贴有客户健身前后的对比照片，让客户用自己的语言描述成功故事背后的细节。这些故事给予她独一无二的机遇来深入了解客户，并将客户的信息整合到公司信息中。

## 2. 贵宾客户在哪儿？

知道顾客是谁之后就要理清顾客在哪儿，如何得到顾客。尝试建立顾客基础的新组织尤其要重视这一点。但是即便是现有企业，也要密切关注顾客在哪里花费时间：周六下午他们是待在家里上网，还是喜欢在咖啡店里读上一本好书？他们是在Facebook上转发朋友的贴士和指引信息，还是喜欢报班学习？知道了顾客在哪儿就可以走过去和他们交流了，这比创造新过程或新地点让顾客光临容易得多，因为不需要白费力气地重复工作。

## 3. 贵宾客户关心什么？

企业经营者关心的事物非常明确，通常是关注企业成长的某方面，如推动企业发展、销售更多产品、加大力度宣传品牌、做出改变或是创造更多收益。但是顾客关心的是什么呢？忧虑的又是什么呢？通常企业经营者只顾滔滔不绝地谈论组织的非凡之处，全然不顾顾客的感受，把顾客意见箱丢在一边，关闭了博客的评论功能。他们需要重新拾起这些得力工具，开怀纳谏，只有这样才能深入了解客户的迫切需求，获得宝贵的意见。

## 4. 贵宾客户希望如何与公司打交道？

在商业活动中就怕无所不通。你认为自己该写博客，就开始绞尽脑汁地写文章，结果却为无人评论而郁闷不已，或者花费大量时间和精力设计新闻通讯稿，却不明白为什么没有读者。与顾客联系的最简单方式之一就是开口问。在开始设计新营销活动、设计宣传册之前，找出对顾客有用的信息。记住顾客都很忙，而且不断遭受各种营销信息的狂轰滥炸，难免多疑，要对他们坦诚相待。

Trophy纸杯蛋糕店是一家精美蛋糕店，店里选用最好的材料、用心关注细节，做出来的每块蛋糕都是美味可口、精心调制的艺术品。玛莎·斯图尔特（Martha Stewart，美国女性财富人物）是蛋糕店的铁杆粉丝，认为店里的蛋糕对于忙碌的妈妈们来说是"十足的美味"。Trophy纸杯蛋糕店倾听顾客声音，重视顾客期望与公司打交道的方式。Twitter是向忙碌的顾客推销最新口味蛋糕和促销信息的最佳途径。下面是Trophy纸杯蛋糕店转发的一位新顾客的微博：

终于尝到#bellevue上@trophycupcakes的蛋糕了。我狼吞虎咽地吃了块Red Velvet，男朋友吃了块柠檬椰子纸杯蛋糕。

@m_candy，哇！真高兴成功了！祝你情人节快乐！

店里的一些顾客喜欢收到电子邮件月刊，提醒并梳理美味可口的蛋糕清单，所以Trophy纸杯蛋糕店也运用了这种营销工具。请记住，与顾客交流的时候要重视顾客的喜恶。

## 5. 合作对贵宾客户有什么好处？

刺激他人与公司合作的动力是什么？好处是什么？每个行动背

后总有一些动机，越早分析出动机，好处就越多。知道了产品和服务的真正价值就能够创造更有效的营销活动。例如，时尚造型设计师安琪·考克斯（Angie Cox）与人合伙创立了顶级时尚顾问论坛，名叫YouLookFab.com。合伙创始人格雷格·考克斯（Greg Cox）的服务包括发布非常酷的手机应用程序。工作原理如下：如果你独自去购物，看中了几双鞋或是一件衣服，但不确定该不该买，穿上中意的衣服或鞋拍张照，通过手机应用程序发给别人，照片就能实时地发布在YouLookFab.com饱受赞扬和支持度极高的论坛上，论坛成员会就照片提供诚恳且具建设性意见，就好像有一群闺蜜一起逛街一样。每发一帖，安琪就获得两美分，凭借二十余年的设计师、时尚买家和造型师的从业经验，这可值一大笔钱呢。

　　手机应用并不是免费的，实际上这比一般的应用价位还稍高一点。但是顾客得到的体验却是货真价实、不可思议的。安琪和格雷格得到的收益是：为现有顾客提供新型服务，并以创新方式获取潜在新客户。这种方法有效的原因在于安琪和格雷格给予手机应用订阅者想要的服务。因此要设身处地为顾客着想，考虑顾客可以从公司中得到的收益。发现顾客的动机是营销成功的关键。

## 与客户建立更牢固的联系

收集到与上述5个问题有关的信息之后,你可以利用这些信息让顾客明白为什么与公司合作。现在可以准备好收获管理营销活动的果实了。

下面的七个办法或许有助于增强你与顾客的联系。

### 1. 夸奖他们

分享顾客评价甚至是顾客照片的力量之前已经谈过,如果有可张扬的动人顾客故事,当然要分享。Studio Evolve普拉提课程公司就是鲜活的例子。摇滚明星斯汀(Sting)与乐队在西雅图工作期间,警察乐队(The Police)经理人四处打听找寻普拉提专业人员。Studio Evolve经营者玛蒂娜·德雷克(Martine Dedek)因此和斯汀一起工作了几日,让他享受到和其他客户同样的顶尖体验,因此斯汀给玛蒂娜手写了一封感谢信,信中写道:

服务杰出,创新非凡,释放身心!五星级推荐!

这样的评价可以说是实至名归,玛蒂娜自豪地将斯汀的感谢信封框挂起来让所有人看到,还在地方报纸上刊登以获得积极的媒体报道。这封感谢信还在公司主页上张贴了几年,瞬间为公司树立了可信度。好顾客并不一定非是名人，现在公司的网站上普通顾客的积极评价和动人的故事屡见不鲜，关键是可以而且应该炫耀有趣的顾客故事。

## 2. 给他们惊喜

海岸餐厅（Coastal Kitchen）看上去和普通的社区鱼店大同小异，但是每过几个月就稍作调整，在菜单上呈现世界各地不同的海岸风景，吸引老主顾不断光顾。改变不仅体现在菜单上，出自于当地艺术家之手的装饰墙壁的艺术品，也随着菜单的变化而变化，甚至是洗漱间都反映出实时餐厅文化。顾客走进化妆室的那一刻就会被播放的各种花边新闻和当地语言课程所吸引。如果顾客喜欢惊喜，永远保持新鲜感，那么他们自然会频频光顾。

## 3. 打动他们

说到名人，一些顾客喜欢和酷酷的人士打交道，喜欢与备受赞誉的公司合作。不论你喜不喜欢，世界就是这样的。如果顾客对客户评价印象深刻，那么就将评价为己所用。克里斯汀·格雷厄姆（Kristen Graham）是全国最好的厨师之一，由于勤奋工作，她的客户在主流媒体如《时尚先生》（*Esquire*）杂志、《纽约时报》（*The New York Times*）上大肆报道，还有玛莎·斯图尔特的大力宣传。她自豪地把这些主流媒体的logo放在公司的网站上，潜在客户一眼就能看到。许多企业就是太过谦虚，将赞誉和好消息都掩盖起来。如果得到了客户的积极评价,就炫耀吧!这样客户甚至会更加兴奋地与公司合作。

## 4. 款待他们

有谁不喜欢派对呢?好吧,一些内向的人或许不喜欢,但是即便是一些内向型的朋友在参加了派对活动之后也非常开心。Girl Power Hour是"专业"为顾客开派对的典范。达尼尔·苏(Darnell Sue)是这方面的先行者。每个月她将几百名年轻的女性聚集在一起,派对里会赠送各种大礼包,它们看得见、摸得着,对顾客具有实用价值:如《魅力》(*Glamour*)杂志、香水小样、小块能量棒等。关键是改变单调的网络社交模式,综合慈善、认可和社交魅力,如时髦的鸡尾酒会、即兴音乐主持人。当然,活动的背后她还是在塑造品牌,经营公司,但是借着派对的东风,顾客们简直爱上品牌了!

## 5. 方便客户

JENESEQUA Style发行于2010年,是第一家电子杂志和具有独立风格的iPad和iPhone内容提供商。创刊总主编梅丽莎·米德尔顿(Melissa Middleton)开创了JENESEQUA.com(JNSQ)网站,网站里全是最时髦的事物。她知道成功在于让现有和潜在读者轻松获得精美的杂志内容。为了吸引读者、掌握潮流动态,梅丽莎从世界各地聘用了全明星编辑团队,每个撰稿人都是多才多艺的博主,享有独特的话语权,在各自的专业领域与读者交流。大家一起合作界定了JNSQ对于风格和生活的整体分析:别致、亲切、永远难忘。

"每篇文章都配有YouTube视频、Pinterest照片、图片库和手工网站，让每位读者无须做其他工作就能充分体验文中内容。"玛丽莎说。为了增强JNSQ的读者体验，玛丽莎聘请了手机应用王国（Republic of Apps）公司快速建立独有的ipad和iphone应用程序，界面简单方便，读者通过手机终端设备阅读文章。该应用程序还可以让读者在个人档案里收藏最喜爱的文章和图片，以便线下阅读和归档。玛丽莎不断更新技术、利用这些应用程序紧跟潮流，方便了读者。

## 6. 帮助他们

有些时候为顾客帮忙难以启齿。艾米·朗格（Amy Lang）就遭遇过这种困境。艾米·朗格开创了Birds + Bees + Kids公司，帮助家长自信、舒适地与孩子谈论爱和人际关系，掌握最新消息。她知道：和孩子们谈性并非易事，有些父母会感到尴尬，孩子也不舒服，因此往往"谈性色变"。因此工作室通过视频直播为顾客提供多种话题信息，从男孩的种种问题、色情刊物到青春期等方方面面。艾米为顾客提供信息和技巧，让他们能够自信地与孩子谈论上述话题，用她自己的话来说就是："性会谈走起来！"

## 7. 感谢他们

感谢他人绝对是最容易的事，但是人们做得太少了。过去老式的感谢信哪去了呢？几分钟就能写一篇，查阅地址，贴上邮票，扔进邮箱就万事大吉了，最多花个五分钟。甚至通过邮件简单地说上一句

"谢谢"也是与顾客建立联系、感谢他们的可靠方式。但是现在很少有人做到。因此当我收到罗斯福视觉（Roosevelt Vision）诊所寄来的一封精美的手写感谢信时，我简直不敢相信自己的眼睛。那时候，我对这家诊所并没有忠诚度可言。第一次收到这样的感谢信，信中杨凯西·威廉斯医生（Dr. Kathy Yang-Williams）几句感谢的话语让我的态度产生了极大地变化。若我以后还要看医生，她的诊所就成了备选对象。记住：一封小小的感谢信具有无穷的力量，能够诱使顾客不断光顾。

## 口碑传播的营销

希望下面的例子能给你点灵感。如果读了之后没有想法，希望你仔细审视自己的长处，充分挖掘，并在顾客身上多下功夫。这样才更有可能进入关系周期的最后一个阶段——让客户为你做宣传，也就到达了营销成功的最有利位置：口碑传播的营销。这时顾客自愿成为虚拟销售团队的一员。

人们常犯的一个错误就是要求过高。当下文化里，过去承认需要帮助被视作软弱的表现，但是这样的日子一去不返了。现在人们乐于帮助他人，而且多亏了社交媒体工具，有时候轻轻点击几下鼠标就行了。但是一定要便于客户为公司提供帮助。大家都很忙，遭受了各种营销信息的狂轰滥炸后，有时候对于不必要的交流往往心生厌烦，这一点甚至对于贵宾客户来说也不例外。因此尽量将要求清晰化和简单化，这非常重要。

在这方面，城区一家名为STICHES的时尚纺织品商店做得很好，店主艾米·埃尔斯沃斯（Amy Ellsworth）给我发了封邮件。过去她作为该区域的最佳纺织品商店获得过很多奖项，此次又再次获得提名，她祈祷商店能够最终胜出，但是也知道需要做的还很多，因此决定写邮件向顾客寻求帮助。信中这样写道："朋友们，大家好！

### 营销思维模式

回想本章所学内容，回答下列问题：

1. 是需要寻找更多客户，还是保持住现有客户？

2. 参考关系网，看看自己应该在哪一块多下功夫？

3. 你认识自己的贵宾客户吗？知道他们在哪儿、关心什么、希望如何与你联系吗？

4. 与你合作有什么好处？你提供的产品和服务能够提供哪些附加价值和好处？

5. 顾客能够帮忙吗？

# 第六章
# 塑造强有力的伙伴关系

西雅图市以咖啡而闻名,而这座城市围绕着另一种"豆"——可可豆的新型伙伴关系正在悄然兴起。巧克力盒子公司(The Chocolate Box)是一家零售商,全球很多独特的巧克力制造商为其供货。除了供应特浓巧克力和糖果外,该公司还与西雅图一些知名巧克力制造商合作,为顾客创造特殊的体验——巧克力之旅。

由巧克力盒子公司操盘掌舵,巧克力爱好者们登上了这架奢华的马车,踏上了全城三家巧克力商店的游览之旅。第一站来到的是西奥巧克力制造工厂(Theo Chocolates),它是美国唯一一家直接用可可豆制造巧克力并且直接销售的工厂。下一站来到的是弗兰斯巧克力公司(Fran's Chocolate),它的老板弗兰·毕格罗(Fran Bigelow)已经从业三十余年,如今,全世界的人都喜欢她的糖果,连奥巴马总统和他的夫人都钟情于她的巧克力焦糖。最后一站来到了啊哈!巧克力公司（Oh! Chocolate），五十年来，科洛瑟姆家族（Krautheim）三代人都致力于手工优质巧克力的制作。顾客们沿途能享受普吉特海湾的风光，了解一些相关故事和知识。旅途结束后，顾客回到巧克力盒子公司，品尝样品或者自由购物。

观光之旅首次推出后，巧克力盒子公司把它发展成了现今广为人知的"巧克力盒子奇幻之旅"（The Chocolate Box Experience），不仅仅是参观西奥巧克力工厂，更多的则是融入了些教育性和亲身体验环节，比如自己动手做巧克力、观赏全国最具权威的巧克力大师们制作巧克力等。旅途结束后，公司会给每位顾客发一个礼品袋，里面装满了印有巧克力盒子公司商标的试吃样品、传统的巧克力棒和购物打折卡。

这四家公司通力合作，取己之长，竭尽所能地为顾客提供全新的体验。他们没有互相竞争，而是统筹规划各自的营销时间、预算及资源。效果如何呢？启动观光项目以来，巧克力盒子公司取得了骄人的成绩：营业额大幅上涨，全国媒体争相报道，同时也让西雅图成为美国最热门的巧克力之城。巧克力盒子公司创始人、巧克力大师米歇尔·布洛特曼（Michel Brotman）说："首次观光之旅吸引了很多媒体争相报道，确实促进了我公司的发展。自此，我们在营销上从没花过一毛钱，顾客在观光之旅中都非常愉快，他们口口相传，让更多的顾客了解我们，起到了宣传作用。"

## 建立伙伴关系的好处

众所周知,三个臭皮匠赛过诸葛亮,进一步也可以说成是双拳难敌四手,只有信息共享才能获得更多客户。市场营销需要做很多工作,所以团队合作会比自己单枪匹马更有效。

之前提到过,要排除万难让别人听你说、读你的邮件、评论Facebook页等是何其困难。而即便只与一家公司合作,成功概率也会大大提高。进行品牌合作后,营销信息会更具说服力和公信力,对于你的顾客而言也更有价值。况且独立完成营销的一系列活动不仅代价很高而且费时,无论是对于大型企业还是私营企业而言,要完成一项工作,资源总是多多益善。

但是话虽如此,建立强有力的合作伙伴关系却比想象中难得多。有些人会担心,一些未确定的合作伙伴会审时度势,甚至盗窃自己的想法,因此对他人心存芥蒂,不愿建立真正的合作关系。而我见过一些人的做法却恰恰相反,他们会给予他人过多的想法、精力和资源。很多女性经营的小型企业在与其他组织合作的时候往往会这么做,结果导致很多错误,她们会把这当成是友情而非营销策略。比如在某个活动上彼此认识了,感觉一见如故,接下来就和对方说:"我们一起办个工厂岂不是很有趣?"就像闪电约会一样,双方匆忙赶到约会地点,然而对对方的个性知之甚少,企业背后的智囊团更是无从谈起。

不可避免的,如果一方无法坚持合作,另一方不免失望。比如开会迟到,从不按承诺制订营销计划,或者最后才发现根本没有之前吹嘘的那么大的规模。不论是以上哪种情况，都有可能导致合作崩溃。最终，活动无法取得预期成果。

当然这并不是说你不应该考虑建立强有力的合作伙伴关系，而是在决定与之合作进行营销活动之前，要谨慎筛选合作伙伴，别让自己栽在一个未确定的合作伙伴手里。明智的合作才能有所回报，记住：你有很多特长可供分享，同时你也需要有人助你一臂之力。建立合作伙伴关系的关键在于：找到能够互补优势，补充企业或组织发展所需，消除差距，弥补弱项，促进营销活动圆满的合作伙伴。

## 合作关系、战略联盟，还是通力协作？

接下来稍加解释合作伙伴及本章涉及的相关术语。我所说的合作伙伴，是指在企业之外的个人或组织，既非企业的共同创始人，也非受法律约束的商业规划合作者，而是指非正式的合作关系。合作的目的是让营销更具说服力，最大限度地利用资源，取得更好的成果。这类合作伙伴有助于共同制定、开展营销活动；有些情况下，还会帮助分担责任，承担工作量，抵御风险，共享利润。

## 标兵网络公司

位于西雅图的标兵网络集团（The Guiding Lights Network）就是一个范例。通过成功的合作，该集团品牌已享誉世界。该集团擅长聚集、创造各种体验来激发公众想象力，推动社会变革。七年多来，集团邀请了来自美国各地的数百位领导和变革者，参加年度创意市民的主题周末会议。会上聚集了大批鼓舞人心的演讲者和具有创新思维的人士，开展了一系列讨论活动，逐渐发展为一项重设美国市民身份、重新认识民主的运动。

最近一次大会在西雅图中心（Seattle Center）举行，与会者达四百五十多位。标兵网络集团管理团队称，此次大会的圆满成功要归功于参与者的通力合作及强大的团队合作。此次活动声势浩大，主办方由一支敬业的工作人员组成，他们是：创始人艾瑞克·刘（Eric Liu）、耶拿·凯恩（Jena Cane）、克劳黛·埃文斯（Claudette Evans）、克里斯·阿德（Chris Ader）、亚历克斯·马丁（Alex Martin）及朱比利策划公司（Jubilee Event Engineers）的策划师们。由于对建立专业合作伙伴关系充满热情，团队的工作能力和影响力也因此增强。

建立不同的团队合作伙伴名单是此次活动成功的关键。标兵网络集团的核心团队人员不断增加，主要包括来自全国和当地的知名人士、赞助商、与会者、社区合作伙伴、工作人员和志愿者们。他们的理念是："大家好才是真的好！"大家都为确保活动成功而努力，在保证活动能够平稳顺利进行的同时，也希望每一位参与者能获得意想不到的价值和难忘的体验。

这种类型的商业合作建立在互惠共赢的基础之上，可能在短期项目完成之后结束，但也能转化成长期的合作关系，与个人或企业合作生产某种产品以求双方获益。本章中，合作伙伴关系是指所有与另一实体联手以推动企业发展的商业关系，主要是指能够产生经济回报的战略性营销合作关系。

作为营销组合的一部分，形成这类联盟是明智之举。相较于单枪匹马而言，伙伴合作关系有助于最大限度地利用资源，更快地成长，提高成本效益，利用各自的独特优势，不断努力合作完成自己力所不及之事。

糟糕的是，在传统的商业世界里，有太多的人谈论的是竞争、破坏甚至恶性竞争这些负面词。想想可口可乐公司和百事集团，或者是微软和苹果电视广告，你就明白我的意思了。很多企业都已经抛弃了陈旧思想，通过与竞争对手和同行合作，获得了更大的成功。对于合作，明智的策略是找到能够补己之短的合作伙伴，任何一项营销计划都是如此。记住标兵网络集团的口号："大家好才是真的好！"

## 格雷格·库切拉画廊

虽然过去几年不太景气，但是从业三十年来，格雷格·库切拉画

## 第六章 塑造强有力的伙伴关系

廊（Greg Kucera Gallery）却从未止步。格雷格说，好运气加上辛勤工作和严格的自我督促，买下这个画廊已被证明是他做过的最正确的决定。

1985年，格雷格·库切拉画廊第一次参加了艺术展销会，自此先后参加了在纽约、迈阿密、旧金山、洛杉矶、芝加哥等城市举办的五十多场展销会。"随着时间的推移，我们一直在努力保持知名度，这些活动让全国的收藏家记住了我们。"格雷格说道。

另一个提高画廊知名度的营销工具就是画廊的网站，该网站被誉为全国最完整的用户友好型网站，也是同类画廊网站中访问量最高的网站。格雷格说："我时不时能听到收藏家们说一直在浏览我们的网站，并与其他画廊作比较。网站占了我们营业额的很大一部分，作为欣赏艺术家作品的一种途径，每天帮我们节省了不少时间。"

格雷格说经营企业最聪明的举动之一就是帮助建立西雅图艺术交易商协会（简称SADA）。现今，该协会已成立20周年。格雷格是协会的创始人、现任集团主席，负责推广文化教育活动。格雷格说社会媒体有特定的时间和地点，但是城市画廊通过SADA制定的每月画廊合作指南直接联系在一起。格雷格说："参会的费用很高，但是通过每月发行并给邮件列表上的1.4万位收藏家发送合作指南，正好可以填补这部分花费。我们通过指南或者网站提前为顾客提供关于展览的图片信息，在开始布置工作之前就能了解顾客对于此次展览的回应，确实是件令人欣喜的事。"通过与其他画廊的合作，格雷格有能力扩大自己的市场，推动画廊发展。

## 合作关系中该寻求什么？

假如把这个问题视作一道选择题，那么首先就要制定一套标准，以判断什么类型的个人或者组织有可能成为你的最佳合作伙伴。记住下面几个条件：

### 1. 共同愿景和相近目标

完成了这项工作，清楚地看到了你的未来方向，就需要找到一个拥有共同的长远目标的合作伙伴。这个人或是想改善环境，又或是想减少家庭暴力的发生，只要拥有同样的梦想，就找到了合适的合作伙伴。进行营销合作需要确定睿智的目标。如果合作伙伴双方都急切地想要扩大销量，或希望更多的人能看YouTube网站上的营销视频，那么合作才会有意义，才能取得期望成果。

### 2. 相关品牌属性

品牌代表的是什么？试图讲述什么样的品牌故事呢？期待你的顾客对品牌有什么想法和感觉？如果品牌属性与另一家品牌的特性有相同之处，那就是天作之合了。

### 3. 共有顾客群体

你遇到过这样一家企业吗？顾客群是四十来岁的离异男性，在企业工作，享有至少一个孩子的监护权，还是个出色的厨师。然后双方想尽一切办法寻求创建合并信息的可能性,同时整合出能够引起共有顾客群共鸣的品牌故事。

## 阿拉斯加航空公司——第一条鱼

阿拉斯加航空公司(Alaska Airlines)的企业文化非常重视与合作伙伴建立关系,不论合作伙伴规模大小。公司与其他组织携手合作,向共同目标前进:为社会创造积极活动。以这种方式合作,调整自己的品牌,各自的业务量都有所提升,为公众的生活增添了许多乐趣。

阿拉斯加航空公司在阿拉斯加海鲜行业的稳定发展上起着重要作用,当地的海鲜行业因其可持续的捕捞方法得到了世界的公认。2011年,在美国各地,承运人的货运部门交付了超过230万英磅新鲜的阿拉斯加海鲜,包括近70万磅的铜河鲑鱼。过去的6年里,该航空公司的货运部门把一年一度的庆祝活动和海鲜行业每季度的珍贵的铜河鲑鱼首次捕捞活动结合在一起,这种创新的方式得到了很多合作伙伴的认可。这些合作伙伴位于偏北地区,也非常具有合作价值。

"我们扎根在阿拉斯加州已经有80年了,能够为从锡特卡到巴罗的所有顾客和社会提供服务,我们感到自豪,特别荣幸能成为他们的合作伙伴,支持阿拉斯加的海鲜行业。"阿拉斯加航空公司货运部董事总经理托克·朱贝克(Torque Zubeck)如是说。

清早,波音737客机满载阿拉斯加州的科尔多瓦市渔场饲养的约

2.4万英磅新鲜鲑鱼,这是三家海鲜加工合作伙伴生产的:海洋美容海产公司、三叉戟海产品公司和江铜海产公司。大约早上6点30分,第一批鱼运抵西雅图—塔科马国际机场的阿拉斯加空运货物仓库。飞行员打开机舱,手里高举着第一条仪式鱼,宣布着庆祝活动就此开始。

2010年以来,庆祝活动还包括把鱼运到西雅图后立即烹饪。把一条重45磅的铜河鲑鱼王切成鱼片,当地的厨师长们各显神通,参加鲑鱼烹饪淘汰赛。每位厨师只有30分钟的准备时间,然后把本季度第一份鲑鱼大餐呈给裁判组品尝。裁判组新人有西雅图水手名人堂(Seattle Mariners Hall of Famer)的杰·布纳尔(Jay Buhner)和F/V时代海盗号(F/V Time Bandi)的水手迈克·福特纳(Mike Fourtner)。"探索发现"频道的《致命捕捞》就是在这艘名叫"F/V时代海盗号"的船上取的景。

阿拉斯加航空公司在运用其营销和公关资源提升所有合作伙伴销量的同时,也提高了活动的影响力。社会媒体也是它营销策略的一部分。公司用Twitter账号(@AlaskaAir)及时公布最佳铜河鲑鱼食谱得主,并将为此次活动准备的所有食谱发布在Twitter上。爱吃鱼的朋友也可以在Twitter上分享自己喜欢的鲑鱼做法,发布时添加#CRsalmon标签。除此之外,该公司还邀请Facebook上的粉丝、抽取飞行常客参与助理厨师淘汰赛,并设置了奖项。

货运营销经理达比·柯克(Darbie Kirk)说:"不论是渔夫、海鲜加工商、加工厂工作人员,还是48个州供应新鲜海鲜的饭店,渔业是促进阿拉斯加甚至以外地区经济发展的强大驱动力。"

虽然相比于阿拉斯加航空公司的客运业务，货运部门的规模相对较小，但是这种合作式的营销计划却对公司很重要，可以深化合作伙伴关系，并为阿拉斯加航空公司建立良好的品牌商誉。而投资的真正回报率则是凭借营销计划对于社区和参与者个人的积极影响来计算的。

## 何处寻找合作伙伴？

如果下定决心寻找合作伙伴，那么如何才能正确找到合适的伙伴和对象呢？下面告诉你在哪里找寻合作伙伴和应该考虑的企业类型。

### 1. 行业内

和获取顾客相似，你很可能认识一些与公司有定期业务往来的人，比如图形设计师、为午餐会议提供餐饮服务的商家等。这些人你已经认识了，业务也很熟悉，而且有良好的工作关系，因此值得考虑发展为合作伙伴。

我曾经在西雅图一家大型印刷公司上班。公司每年会举办一次行业盛会，与会者有财富500强企业副总裁级别的发言人、智囊团和来自全国各地的媒体朋友。从全球化向数字化，盛会吸引了整个地区数百名来自印刷行业的人士参加，人人都想要了解产业的趋势及变化将要对行业带来的影响。该公司先向所有业务合作伙伴宣传本次活动并邀请他们赞助，其中包括纸张供应商、复印机公司和墨水分销商，一收到邀请这些公司便迫不及待地成为赞助商，并在展会上设立了展台，努力让每位参与者都感受到活动的成功。

**2. 行业外**

在纳米比亚首都温得和克市（Windhoek）逗留期间，美国国务院的一位新同事很有先见之明，建议我到当地两家餐厅里尝试传统的非洲美食。其中一名企业家叫特瓦皮娃·卡迪卡瓦（Twapewa Kadhikwa），他才华横溢，经营着"Xwama文化村和餐厅"。公司位于温得和克郊区一个大型居民区里，工艺品店与餐厅相结合，同时推广传统艺术品和美味菜肴。用餐的地方用芦苇隔开，配有雕花木桌和长凳。同事们招待我享用了传统的菠菜纳米比亚餐，以及美味的奥万博鸡和小米粥。

我还有幸结识了丽贝卡·希杜里卡（Rebekka Hidulika）。她二十多岁，是另一家餐厅的老板。丽贝卡早年在邮轮上工作，后来她放弃了甲板生活，开始了厨房里的人生，开了这家名叫福迅（Fusion）的餐厅。菜单上都是些新鲜出炉的高品质非洲美食，辅以南非葡萄酒和其他饮料，包括自制的纳米比亚姜汁啤酒。

餐厅刚开业时，生意并不好。福迅（Fusion）餐厅有点不同，它地处一个僻静居民区的角落里。除了以顾客口口相传的营销方式外，她还用Facebook、部落格、风行者和邮件列表来营销自己的餐厅，招揽生意。但是真正帮助餐厅成功的是与当地宾馆、背包客招待所甚至邮轮展开合作。她给这些主顾提供美食——具有当地特色，餐后意犹未尽的非洲大餐。反过来，他们给她带来源源不断的客源。之后，她扩大合作范围并与纳米比亚活跃的旅游业合作，生意才越来越红火。

### 3. 需要帮助的人

　　社会企业家是战略合作伙伴的不二人选。他们进入商界，赚取利益并对周围的世界产生积极的影响。在马来西亚吉隆坡时，我有幸和一位社会企业家共同参加了一次讨论会。

　　迪万·思格伦姆（Devan Singaram）想通过互联网帮助社会边缘人士走向全球市场，借此改善他们的生活水平。他知道很多情况下，当地工艺品商的利润还不及产品最终在全球市场上售价的百分之十。所以他与迈克·蒂（Mike Tee）联合创建了Elevyn网络平台，把当地的卖家和外面的市场联系起来，他们还帮助当地人创建自己的网店，进行自主经营。对于这两位而言，背着数码相机和电脑，放弃城市生活，走进丛林和边远村落并非易事，但他们非常努力地帮助当地卖家创建自己的网店，并帮助他们撰写产品介绍、上传产品图片，创建支付账号进行直接交易。

　　如今，Elevyn与一些非政府组织及合作商合作，共同扩大服务范围，为更多的落后地区提供培训和咨询服务。Elevyn的管理费用一直控制在很低水平，确保每件商品超过75%以上的利润直接返给当地卖家，另外一部分通过Elevyn网店捐出，资助公益事业，促进当地的发展，比如为社区学校购买书籍等。

### 4. 志同道合的人

竞争对手这时可以发挥作用了。可能有部分业内人士不会觉得你能对他们构成威胁，反而很有兴趣与你合作。派博·罗拉·萨罗格公司（Piper Lauri Salogga Interiors）的派博·萨罗格（Piper Salogga）和雀巢公司（Nest）的萨拉·伊真（Sara Eizen）是在同一城市两位很有名的室内装潢设计师。他们一见如故，双方都致力于宣传家庭可持续装潢，向公众推广他们最喜欢的环保家具和装修原则。

他们决定一起举办活动，取名为"边坐边喝"。活动中，大家随意就座，喝着葡萄酒，学习怎样在保持装修风格、节省预算的同时，环保健康地进行装修。第一次活动是在当地的一家家具装潢店里举行的。为了让活动成功进行，他们两位共同制定了一份活动计划和工作任务书，并分享了各自的观点和邮件列表，活动效果比预期更加成功。他们吸引了将近100人参加，提高了媒体曝光度，越来越多的顾客闻风而来。他们的合作持续了很多年，最终这一系列项目被重新命名为"再装饰革命"。

派博说："共同的价值观和目标使合作变得简单，也有助于正确认识自身的长处和短处。萨拉一直很重视细节，不断跟进工作进展，确保没有偏离既定目标，促进工作持续进行。"他还补充说："我更擅长于宏观规划、销售和营销。合作过程中大家彼此尊重，合作非常愉快。"

虽然现在两位企业家开始忙于各自的业务，但是却吸收了合作的精华，推动了企业的发展。他们之间的合作像是一种神奇的催化剂，让他们坚定对可持续装潢的信心，用更持久、更有意义的方法创造出更美丽的空间。派博不假思索地说："我们不仅把生意做得更红火，也建立了深厚的友谊。我很肯定这是我们今后事业成功的基石。"

## 与竞争对手合作

萨拉和派博的合作例子并不是每个人都能学以致用的。你可能会问："为什么要直接和竞争对手合作呢？他不会偷窃我的想法使我陷入不利地位吗？"这样的忧虑和恐惧也是人之常情。近些年来，不少企业都经历过经营理念被抄袭、知识产权被侵害等类似事件。丑话说在前头吧，要是心怀这种担忧，就没有必要建立这种类型的合作关系。但是，如果确实需要与竞争对手合作，可以咨询律师签订保密协议（NDA）或者其他法律文件来保护自己的业务和创意。这种合作并不提倡把所有的商业秘密都告诉竞争对手。我建议双方寻求合作的可能性，打造互惠共赢局面。如果确信信息可以共享，并能从合作中受益，那就展开合作。但如果你有丝毫顾虑，请不要贸然合作，毕竟还有很多可以参与的营销活动。

如果做好了准备并跃跃欲试，那么以下几个步骤可以确保建立成功的合作关系。选好了合作的个人或组织，就可以遵循以下几个步骤展开有效合作了。

第一步：集思广益

可以打电话、用网络视频通话软件Skype，或者坐下来边吃午餐边聊，交流彼此的观点，确保彼此志同道合，探讨合作如何助力于双方发展，分享各自的愿景、目标和对于目标市场和自主品牌的看法，但是一定要确保每件事都井然有序。假如你对自己要做的事已经初具想法，可以与他人分享，看看能否在此基础上进一步发展。

第二步：利用自身优势

接下来需要判断各自的有利条件和可共享资源。尽早弄清楚这些细节，能够防止日后互相埋怨。有时，合作的一方会觉得自己被对方占了便宜，认为自己投资的时间和资源比对方多，因此吃了大亏。事实上，有时候一方提供的是实实在在的劳动力，而另一方提供的是活动的场所。所以要确保合作关系的公平，不论双方投入的是什么类型的资源，都不能让彼此感觉自己吃了亏。

第三步：制定计划

哪些事情要做、谁在哪个时间段内需要做什么等问题必须安排好。第四部分中会详细地讲解计划实施，这里只需弄清楚如何取得成果，让每位参与者都获益。

## 年轻的科学探索者

协助创办《年轻的科学探索者》（简称YSE）这档新节目的时候，穆罕默德·余纳斯·雅信（Mohamed Yunus Yasin）教授用的正是这种合作方法。穆罕默德是一位化学工程师，当时就想帮助培养孩子对化学的兴趣，但是他知道，凭一己之力是无法完成的。在写完书面建议后，他立刻着手寻找自己需要的合作团队和个人，希望能够一起实现自己的想法。

他开始寻找对计划感兴趣的团队，并通过一位在非政府组织工作的朋友，找到了第一位对教育感兴趣的合作伙伴。他们开始向更多的朋友宣传这项计划，希望有人对志愿者活动感兴趣，最终又找到了四个人，组成了项目的核心团队。团队迅速出版了专门为小朋友准备的包含十个科学实验的手册，其中包括在吉隆坡自然科学中心（National Science Centre）所有展览的安排表。手册作为最初的营销工具，发给了所有的志愿者和参与项目的同学们，而后团队开始寻找愿意进行项目测试的学校进行合作。

穆罕默德说："起初有很多反对的声音。说实话，老师们原本已经在超负荷工作了，不愿意再做其他事。但是我们不断坚持，找班主任、家长教师联合组织和小学生们，寻找校园负责人帮助开展校园活动，我们甚至和学校食堂的老板谈过。"多番努力之后，穆罕默德和团队终于说服了九所学校参与项目测试，每位校园负责人负责在该校宣传介绍YSE项目。

接下来是寻找志愿者参观学校，并担任科学中心的导游。穆罕默德说："寻找愿意为他人事业牺牲自己时间的志愿者是最困难的一步。"他知道要实施项目寻找志愿者是项挑战，所以在起步阶段，每次只安排四个人去参观学校，在国家科学中心也只要求四位志愿者。穆罕默德说："我们的目标群体是放暑假的学生们，通过各种青少年组织与他们建立联系，让他们畅所欲言。这些组织涉及宗教、体育、教育等各个领域。"最后成功招募到20名学生志愿者，开始对其培训。虽然有些志愿者中途退出，但留下来的志愿者足够开展项目测试了。

最终，这个项目得以顺利实施，穆罕默德和团队成功地在九所学校开展了这个项目，得到了所有参与者的积极反馈。项目完成后，YSE团队召开了记者招待会，设宴款待志愿者，为老师和家长们举行研讨会，希望能与尽可能多的人交流他们的项目成果。穆罕默德说："我们会定期给学校寄送信件和项目报告，这样学校对这个项目就更感兴趣了。有些学校开始主动联系我们，要求我们把项目开展到他们的学校去。"YSE项目已经开展四年多了，期间越来越多的学校和超过三千名学生参与其中。

项目的成功促使穆罕默德教授制订并实施了另外两项相关计划，其中一个命名为"青少年科学博览"，至今已有六年的历史了。该项目近期开展了二百六十多场校级、州级的乃至国家级的科学博览会，据粗略统计参与人数达二十万之多。穆罕默德说："对我而言这不仅是科学项目，还是一次精神旅行。作为项目顾问，我会慢慢退居幕后，可能通过体育等形式鼓励年轻人继续努力，但现在还不确定。小孩子往往出乎意料地教会你很多东西，让你想起一些已经遗忘的趣事。"

与其他企业建立合作伙伴关系可以有效促进事业发展，穆罕默德教授和他的YSE项目就是范例。合作伙伴关系可以让你取人之长，补己之短，就像婚姻一样：让你与他人分享并建立双赢关系。为什么不选择这个方法来最大限度地节省开支呢？希望你能找到与人合作且富有创造性的方法，促进企业发展。

## 营销思维模式

回想本章所学，回答下面问题：

1. 如何利用合作伙伴关系强化营销活动？

2. 目前是否与个人或组织合作，进一步建立良好的合作伙伴关系？如果有，是谁？

3. 如果没有，请列出可能建立合作伙伴关系的个人或组织。下面的分类方法可供考虑：

- 行业内
- 潜在竞争者
- 行业外

4. 目前为止,与潜在合作伙伴存在哪些重要共同点?

- 愿景和目标
- 情境,包括机遇和挑战
- 品牌贡献和指导原则
- 客户群和特定市场

5. 你认为哪些资源能增加一位可能成为合作伙伴的价值?可参照SWOT表格。

- 预算
- 地理位置
- 员工工作时间
- 邮件列表
- 贵宾顾客
- 媒体联系
- 行业特长
- 舆论媒体的拥护者
- 其他

# 第七章
# 借助媒体和舆论造势

我习惯在公共关系讲习班上提出这样一个问题:"诸位谁想有朝一日出现在奥普拉·温弗瑞的脱口秀节目(*Oprah Winfrey Show*)上?"这时班上几乎每个人都会举手。但是现在奥普拉不再主持电视脱口秀了,我也稍稍改变了问题,变成艾伦(Ellen)脱口秀、国家公用无线电台(NPR)、《连线》(*Wired*)杂志或是《赫芬顿邮报》(*The Huffington Post*),回应还是如出一辙。简而言之,每一个人都梦想声名远扬。

既然如此,何不为之呢?借助主流媒体进行宣传始终是免费的,如果方法得当便可事半功倍。无论你是初出茅庐,还是事业有成,运用媒体活动可令营销活动如虎添翼,更快达成商业目标。利用媒体宣传,有助于增强品牌故事的说服力。

然而,最近主流媒体却遭到了无理指责。越来越多的人不再阅读全国性报纸，而是在类似Hulu.com的网站上在线观看电视节目。因此不可回避这样一个问题：主流媒体寿终正寝了吗？答案是否定的。不论听说主流媒体如何没落，许多媒体依然能够让你一夜成名，甚至还能收获更多。

知道吗？仅在美国，杂志发行量就有两万多册，何况还有每年新增的杂志呢？光是报纸每天就大约增加一千多份。确实，一些都市报正处于崩溃边缘，但是又有新报纸在不断发行。广播电台和电视台就有成千上万家，博客和网站更是不计其数。好消息俯拾皆是，因为每个人都有机会在媒体上分享自己的故事。

和媒体合作的挑战不是因为没有足够的媒介渠道，而在于媒体掌控着一切。控制信息的是媒体，而不是你。广告是付了钱就可以按自己的意愿来表达，而媒体有权决定最终讲述什么品牌故事、何时出版发行。想与媒体成功合作就要站在媒体的角度思考。

深入探讨这个话题之前，先区分一些常用术语，弄清楚媒体指的到底是什么。此处所讲的"宣传"（publicity）一词经常与"公共关系"（public relations）和"媒介关系"（media relations）交替使用，因为在我看来它们都代表一个过程，可以利用这个过程与和媒体互动，为自己的组织争取正面积极的形象。这也正是本章要讲述的主要内容。

单独提到"媒体"（media）一词时，指的是大众传媒，也就是大范围的个人和团体集中地交流新闻和信息。传媒渠道主要有三种类型：平面媒体，包括所有的纸质或印刷出版物，如报纸、杂志等；广播媒体，如电视、广播电台等；网络和移动媒体，这一种范围大到网站，小到手机和平板电脑上的社会新闻应用程序。

现在，许多媒体机构利用综合手段或多媒体进行新闻报道。比如，美国全国公用广播电台（NPR）除了报道实况新闻，还把这些报道做成了播客，提供新闻报道的字幕，并附上相关插图或幻灯片，在Facebook上发布或在Twitter上转发。

所见、所读、所听到的新闻故事由工作在媒体机构的人员创作，媒体工作者可以被广义地归为新闻工作者，包括记者、摄影师、制片人、编辑、出版商和形形色色的新闻工作者。大部分新闻工作者是英语专业、通信专业或是新闻专业毕业生，工作态度严肃认真。

之后，一批所谓的"公民记者"涌现出来，虽然他们并不是专业的新闻工作者，却在创建和分享新闻信息的过程中发挥着积极作用。如果某个人用手机拍摄了汽车从冰山上滑落的视频，并把视频发送给当地电视台，这个人就可以被称为公民记者，电视台无须给他开工资。中东等地区有许多公民记者，从兵连祸结的城市向全世界媒体报道重大事件。然而，公民记者不受约束的天性饱受专业或大牌新闻工作者的批判，认为他们报道事实太过主观、不够专业。但不管怎样，这些小人物在媒体工作中有一定的地位，并且深入人心。最后同样重要的是新社交媒体，社交媒体指的是博主、播主、推友和Facebook用户，这些网友在各自的网络社区内使用新媒体工具分享信息，其中很多具备了新闻工作经验，也有人完全是业余的。普通公民、公民记者和一些主流媒体工作者也使用这些社交媒体工具。

## 媒体生活体验日

提及媒体时,所有人都想与之合作,但很少有人花时间弄清楚媒体的运作方式。开门见山地说,媒体工作并不容易:行业竞争激烈,几乎每一天都要火烧眉毛地面对截稿日期,紧张地报道各种新闻。来自公民博主和播主的竞争尤为激烈。媒体机构损失了广告商、订阅者和听众数量时,每天都危机四伏,因此每位工作者都在争夺观众的注意力。

许多媒体人分身有术,拼命完成多重任务。觉得日子不好过吗?一天之内发表多篇博客、Twitter帖、照片都是稀松平常之事,有时还需要在印刷物和广播上发稿,每篇稿件都要求尽善尽美,准确无误,没有排印或语法错误。

另外,科技的日新月异,也向媒体人提出了挑战。我认识一位报纸专栏作家,过去每周需发表三篇文章。他细心研究,文笔优美,是报纸最受欢迎的专栏作家之一。过去几年,由于资源有限,报纸编辑就增加了他的工作量,除了每周发表三篇文章外,每天还要增加一篇博客,发布5到10条微博。不仅如此,每篇文章还要自己拍摄照片、制作视频短片来配合,工资却分文未涨。这种环境下,他觉得自己无力继续创作,无法交出准确、高质量的新闻稿,于是选择了辞职。

讲述这个故事是为了展现新闻工作者的工作压力。和你我一样,他们也是普通人,要发展事业,要支付账单,要养家糊口,也需要度假。牢记这些事实,像对待其他专业人士一样看待他们,才能更好地借助他们的力量宣传自己的品牌故事和营销信息。

多才多艺的商业人士有很多,也有很多有趣的故事可讲,但是想要得到媒体的关注,不仅需要谈论企业本身,还需要以清晰、引人注目、有新闻焦点的方式展现出来。大多数人难以跨越这道障碍。外向性格的人容易做得过火,大肆吹嘘自己的事业导致合作终止。其发布的新闻稿通常以"我们是城里最棒的"为题,或者发邮件给记者时,堆砌产品的特点。相反,内向性格的人一想到要和媒体合作,就心惊胆战,信心尽失,结果一言不发断送了合作。

与媒体互动时,其他常见问题包括:不确定要说什么;担心自己的话被曲解;或是给人留下无知、无能的印象。上述这些担心很普遍,不过记住,记者和你一样是普通人,这样就能摆脱恐惧心理。除非是《国家询问报》(*National Enquirer*)的记者,否则是不会让你出丑的,而是想要互利共赢。如果焦点集中在协助他们创造好故事上,那么所有的媒体活动就会一帆风顺了。

因此,把媒体看成真实的人非常重要。与新闻工作者联系,不要将其视为销售产品和服务的过程,而应该把它看成是一次朋友间的亲密谈话。焦点放在帮助记者获得他们需要的信息上,严禁滔滔不绝地销售产品或服务,那么成功的概率自然会随之增加。

举例来说,一家有机花卉设计公司收到了记者来电,表示希望采访公司。公司老板坐立不安,不知道怎么回复记者。给那位记者回电之前,他反而先给我打了电话,于是我们共同寻找处理这种情况的最佳方法。我们讨论了如何把这通电话当作聊天，帮公司老板走出了"我害怕接受采访"的反应模式，树立了"我能够帮助这位记者"的积极心态。最后，电话沟通效果很好，采访进行顺利，这位公司老板认真听取采访，和记者分享了自己的专业知识和小秘诀。公司老板和这位记者的工作都获取了积极的成果。

## 宣传的力量

准备好进行下一步了吗？可以开始借助媒体宣传了吗？行动之前要谨记：宣传活动是用来支持商业目标的。多发新闻稿当然可以，但如果对于企业发展毫无作用，又有什么意义呢？宣传活动应该建立在公司的愿景规划和制定的短期营销目标基础上。通过以下几种免费PR方式可以为企业带来真正的价值，推动企业进一步发展：

- 定位为行业专家
- 吸引客户，门庭若市
- 增加网站点击率
- 提高自身关注度
- 增加销售额

企业是销售产品和提供服务的，而媒体则是传播信息的。说服媒体企业具有报道价值和良好发展潜力，这样媒体才会关注企业。

为了提出新闻条目，首先要像新闻工作者一样思考。而最佳的方法则是关注感兴趣的媒体，可以采取听广播、读报纸、订阅杂志、观看播客等方式密切关注他们发表的故事。寄出电子邮件或进行电话投稿之前，需要了解媒体报道的新闻范围，确保自己的新闻信息具有相关性。这样才能准确了解媒体需要的新闻，知道如何编排所有的信息。如此一来，自然可以取得媒体瞩目，站在聚光灯下取得理想的宣传效果。

了解新闻故事和新闻头条，一个简单有效的方法就是走进书店，找到喜欢的报纸或杂志，买上几份。如果想要通过媒体来分享创业故事，可以读一读当地报纸的相应版块，查阅当地的商业杂志，浏览国内的商业出版物，如《华尔街日报》（*The Wall Street Journal*）、《快速公司》（*Fast Company*）杂志等获取灵感。当然，也可以浏览杂志网站，但是如果目标是平面媒体，最好还是阅读纸质新闻。采取行动吧，努力获得媒体的青睐。

## 六月小虫婚礼网站

"六月小虫婚礼"资源网站（Junebug Weddings）极具发展潜力，由三位婚礼摄影师——布莱尔·劳本菲尔斯（Blair deLaubenfels）、克里斯蒂·韦伯（Christy Weber）和金姆·班贝格（Kim Bamberg），于2007年共同成立，之后网站迅速成长为筹备婚礼首选的新颖婚礼资源网站。创立者认为需要借助媒体报道吸引广告商和订阅者，于是开始关注当地的媒体和相关的媒体报道。

他们集思广益，寻找合适的新闻角度，后来发现可以讲述一个富有创意、感动人心且有数据支撑的故事。三位领导者注意到，从宴会承办人到花匠等越来越多的合作人，都在采用生态环保理念。那时"绿色环保"的理念还没有如此流行。作为行业专家，他们看准了这个趋势，令绿色婚礼成为行业标杆。

他们向当地媒体绘声绘色地讲述了这个故事，最终接受了新闻广播710调频（710 KIRO）一系列关于"体验绿色生活"的采访。之后，当地商业杂志、地区杂志和电视节目相继转载了这个故事。如今，"六月小虫"经常见诸国内媒体报道之中，备受欢迎，引领潮流，成了最受尊敬的世界知名婚礼品牌之一。

## 什么事件具有新闻价值？

了解感兴趣的媒体机构及其报道风格之后，现在可以回过头来关注自身，创作自己的新闻故事了。考虑如何分享故事时，许多人会犯的错误就是把自己冠上"我们是城里最棒的企业"或是"我们的网站是最受欢迎的"等头衔。或许你确实是最棒的或是最受欢迎的，这固然很好，但是这种故事并不是媒体喜爱的类型。

媒体眼中，新闻通常是贴近时事或重大事件，更具针对性或者是夺人眼球的消息。新闻需要具体的事实和数据来支撑，不是用来宣称伟大，而是用来分享趣味所在。想想看，城里一家新电影院开张，致力于帮助未成年少女的公益组织实际上却在制作电子游戏，这都可以是新闻。也许你的奶昔号称是城里最好的，那么优秀的记者就会想了解你的月营业收入，与店里的客户交谈，并调查你的竞争对手，确保你说的是实话，值得报道。

每个企业都是独一无二的，所以必须要能够讲述自己原汁原味的故事。自己的新闻自己做主，之前的所有的准备工作可以派上用场了，回顾自己的竞争优势、机会、品牌属性、顾客故事和合作伙伴故事，一定能与媒体分享其中的某个故事。此外，未雨绸缪必定有回报，提前整理好新闻思路，决定哪些是闪光点、哪些是优势，如此一来就能更好地吸引媒体的注意。

记者们会千方百计地创作好故事。他们紧跟潮流，关注时事，调查受众兴趣所在，凭借敏锐的直觉去挖掘好故事。为了能够像记者一样思考，三种不同类型的新闻素材可供大家参考：引起轰动类、感人肺腑类和数据支撑类。读完这些例子你就会发现这些故事是如何组织的，又是如何与企业联系起来的。只要能够增加与媒体分享素材的新闻价值，你就可以借助其中任何一类进行宣传。

## 1. 引起轰动类

媒体总是青睐生动刺激的故事。他们总是对备受争议和骇人听闻的故事感兴趣，如果企业从事的是前所未有的事业，媒体势必想一探究竟。

如果暂时想不到企业的独特之处，可以想方设法制造一些激动人心且有新闻价值的事件：可以去申请某个奖项，也可以参加竞赛，还可以制造一个宣传噱头，或把企业未见天日的秘密公之于世，随后让媒体自由报道。

尝试新方法之前，先确认能否回答下面这类问题：

- 目前做了哪些令人惊奇且非同凡响的事情？
- 故事如此令人振奋且引人入胜的原因是什么？
- 企业曾经得到过名人认可吗？

下面有三个真实的"轰动类"新闻头条，希望能够抛砖引玉，激发灵感：

- 首家"滑雪"星巴克开业了！
- 平民的价格享受殿堂级的爱尔兰宾馆！
- 专家：忠诚计划就是烧钱！

## 2. 感人肺腑类

故事主角是老人、宠物狗，还是单身妈妈都无所谓，媒体乐于报道那些能触动心弦的故事，因此分享和企业人性或者感性相关的一面可以作为有力的新闻点。从广播访谈到电子杂志文章，许多媒体都向公众分享意味深长、发人深省的故事。要让故事在媒体眼中更有人情味，可以配上照片或者视频传递故事背后的情感，请专业摄影师或者摄像师拍摄照片或视频，甚至请朋友或实习生帮忙都可以。

判断这种故事风格是否与企业相符，需要回答下面几个问题：

- 企业是否致力于解决某一重要的社会问题？

- 企业具备引人入胜的客户故事或评价可供分享吗？

- 企业目前所做之事能够为客户带来欢乐吗？能够改善客户的生活质量吗？

这里有三个真实的"感人肺腑类"新闻头条样本，希望可以激发灵感：

- 瑜伽救了我的命：男子练瑜伽的故事

- 琴行是莫扎特英年早逝的罪魁祸首

- 士兵千里传情

### 3. 数据支撑类

媒体热衷于数据。细心观察一下任何一家受欢迎的媒体机构，就会发现前10大新闻头条都包含数字，基本都是"做某事的10佳方法"或"需要……的5大原因"等形式。由于之前已经做过大量调查，手头具有充分的数据，其中一定有支撑故事的有趣数据，那就提供给媒体机构吧。

创造与新闻话题相关数据的方法之一就是利用在线调查工具，如Surveymonkey.com等，可以帮助你免费快速地收集、分析来自世界各地的人关于此话题的信息。另一种方法就是邀请客户，共同讨论一个话题，然后把结果分享给媒体。瞧！新闻就这样产生了。

判断这个有数据的故事是否与企业相符，行动前需要回答下面几个问题：

- 能提供10佳技巧吗？
- 可以获得哪些行业数据？
- 能够揭穿行业的3个常见流言吗？

下面是三个真实的"数据支撑类"新闻头条，你可以以此发挥。

- 7个方法让购物更明智
- 艺术馆分享的6个收藏小妙招
- 调查显示：年龄越大，睡眠越长

## 怎样宣传？

一旦你灵感突现想到了一系列的新闻点子，接下来就需要着手创作宣传稿。在棒球运动中，投手向本垒投球时，击球手若认为投得好，有机会击中球，只要挥动球杆就可以了。要是他把球打出场外，来了个全垒打，那真是太棒了！创作宣传稿与此相似，把新闻点子投给记者，希望他/她能看好它，然后全力一击。

实际上，宣传稿就像是一场电梯内的谈话——在电子邮件、电话或者简洁的新闻稿中与媒体分享一个简短生动的故事。记住：媒体工作者非常忙碌，为赶截稿日期而忙得焦头烂额，面对激烈的行业竞争，必须迅速地捕获他们的注意力，这样才能掷出强有力的一球。最佳途径就是回到之前做过调查的媒介渠道中，仔细观察文章的第一段或者细听广播新闻的开头语，不管是餐厅评论还是对一位作者的采访，所有的媒体报道都只凭几个词语、声音或者图片在短短的时间内就抓住了你的注意力。

大多数媒体报道中，报道的前几行或者新闻广播的前几分钟总是事件概述。衡量报道好坏具有6个要素：人物（Who）、事件（What）、时间（When）、地点（Where）、原因（Why）和方式（How）。要是故事开头具备这六个元素，那么吸引记者注意力的胜算就大了。要有效、紧凑、生动地讲述故事。

用一个标题或者将故事浓缩为一句话，作为向媒体投稿的电子邮件的主题，特别有用。你想要读什么样的故事就写什么样的故事，想要看什么样的视频就按照想法制作，想要听什么节目就以此为标杆设置节目。

新闻素材要尽可能简单，方便媒体使用。一些小型媒体机构或者资源有限的媒体机构可能原封不动地采用新闻故事，尤其当故事风格与媒体风格相契合，表述客观，引人入胜时，所以一鼓作气开始吧。

这里有一篇真实的新闻稿，被纪录片导演瓦耶特·巴蒂勒（Wyatt Bardouille）作为宣传稿，成功地捕获了媒体的芳心：

**即时发布联络方式**

媒体联络人：瓦耶特·巴蒂勒

邮箱：wyatt@bardouille.com

电话：1-425-922-5311（美国）

## 在巴巴多斯（Barbados）电影节上放映多米尼加（Dominica）作为可持续发展国家的纪录片

华盛顿州西雅图2012年2月14日报道：美籍多米尼加导演瓦耶特·巴蒂勒（Wyatt Bardouille），携母亲和妹妹于2008年回到故乡多米尼加拍摄电影。同时，这位女导演深刻地揭露了多米尼加的故事，记录了多米尼加灾难性的飓风、动荡的政治和有限的资源。新纪录片名为《多米尼加：绘制一个天堂般的未来》（Dominica: Charting a Future for Paradise），讲述了自然岛国如何面对全球性竞争挑战，不断抗争谋求发展的故事，最近刚刚入围"非洲世界纪录片电影节"，将于2012年3月8日至11日在西印度群岛大学（University of the West Indies）EBCCI（Errol Barrow Center for Creative Imagination）电影院进行放映。如需了解详细时间、地点和余票情况，请访问www.africaworldfilmfestival.com。

多米尼加国家地理信息新闻中心（GIS News）的马文·马修（Mervin Matthew）评价说："这部片长35分钟的影片，以其震撼的听觉感受、视觉冲击和契合的音乐，用淳朴的地方特色讲述了多米尼加的故事。"

和巴巴多斯一样，多米尼加经济以农业为主，现在开始利用大自然的恩赐来不断发展。这部电影讲述了非凡卓越的多米尼加发展史，海内外多米尼加人如何齐心协力共创集生态旅游、绿色能源、可持续发展农业于一身的"未来产业"。电影还捕捉到了这个岛国的灵魂、文化中绚丽的意境和动人心弦的岛屿音乐。

### 电影和电影制片人简介

更多关于电影预告片、影片概要、导演声明、演职人员和剧照等信息,请访问www. dominicaparadisefilm. com。

### 非洲世界纪录片电影节简介

非洲世界纪录片电影节(AWDFF)由密苏里州圣路易斯大学国际问题研究中心、非洲和非裔美国人研究会的易·德斯蒙德·李(E. Desmond Lee)教授赞助。从2007年起,该电影节不断地将非洲和非洲散居人民引人入胜的故事呈现给世界各国人民。欲知更多详情,请访问 www. africaworldfilmfestival. com。

### 巴蒂勒制片公司简介

巴蒂勒制片公司(Bardouille Productions)是一家独立的电影制作公司,专营基于网络的媒体制作,制作叙事电影和纪录片,提供娱乐性强、内容丰富的网络信息,具备实现创意设想和技术类产品开发的能力,制作引人入胜的题材和技术编程样样精通。欲知更多详情,请访问www. bardouille. com。

纪录片制作如此精妙,新闻稿被一字不改地刊登在巴巴多斯和整个加勒比(Caribbean)地区最大的轰动新闻来源——《巴彦记者》(Bajan Reporter)上。截至目前,瓦耶特已经得到了世界各地电视、广播和网络媒体的大幅报道。

现在知道如何提出新闻观点来吸引媒体关注了吧。写出最为引人注目的新闻稿之后,接下来就要进行新闻包装,然后交给信任的记者、制作人或编辑。大多数媒体机构都公开多种联系方式，可以通过多种渠道进行联系。比如，通过网站上有一个"请发送新闻给我们"的版块，还可以通过电话咨询服务台，按照指示投稿。如果要求通过电子邮件发送新闻稿，照做就是了；如果要求上传简短的新闻样本到网络上，也要照做。总之，一切都要按照指示行事。

选择电子邮件发送新闻稿，还是聘请公关顾问帮忙，这取决于你想投入多少时间和金钱，以及期待获得的宣传效果。尽早尝试其中一种方法，可以尽快知道哪种方式最适用。

建议取己之长。如果你是内向的人或者喜欢写作，可能更喜欢发送电子邮件；如果你性格外向，具有声音魅力或是擅长交流，可以选择打电话。当然了，也可以邀请记者喝杯咖啡，讨论公司或行业内的具体问题。

## 使用新闻专线服务

大多数情况下新闻宣传是免费的。如果自己通过电子邮件、电话或是平邮联系媒体，除了耗费一些时间和邮费之外，也不需要其他任何费用。但有时候的确需要一些帮助，特别是需要尽快联系很多记者的时候，做到这点的好方法就是利用所谓的通讯社，这些组织负责给媒体提供新闻题材，可以直接将新闻迅速传递给世界各地的资深记者、博主和有影响力的人。所有大型企业都在使用通讯服务来发布新闻稿，通讯服务不仅便捷，对于小企业来说也很实惠。

电信服务提供商涵盖了过去引领商业新闻发布领域近60年的美通社（PR Newswire）和PRWeb等工具，能够以最快的速度进行新闻报道。我使用过很多电信服务，但是和美通社的合作最为频繁，并且已经见识到了通讯社强大的传送功能。在微软工作时，我第一次使用美通社的服务。此后，和小型企业合作时依然使用他们的服务。

对于美通社的工作人员来说，发布新闻的过程实际上非常简单，只需简单的几次点击，就能上传新闻素材，然后选择分配线路，添加照片或者其他多媒体文件，选择发布日期和时间，新闻就可以发布到世界各地了。美通社能够将信息传递给六万多家新闻媒体和社交媒体，几乎涵盖了西海岸所有的体育记者或者是世界各地的时尚博主。只需要几百美元，小公司就可以在几分钟之内将新闻发到世界各地。此外，他们会提供详细的分析，彰显网络的即时影响，可以立即知道新闻的阅读量、转载方式和共享次数。

美通社市场营销和通信部门副总裁雷切尔·麦纳斯(Rachel Meranus)分享了她对电信服务行业变革的看法："'通讯社'是个误称，我们能够让不同规模的组织去创造、优化、锁定目标，并通过各种渠道（传统的或社会的、搜索、网络和移动）来分发各种类型的内容（包括文本、多媒体、照片、合同规定的相关文件和其他方式），并且监视和衡量效果。"

她注意到日渐发展的趋势就是很多企业在发布新闻稿时都添加多媒体元素，增加新闻稿公布于众的机会，不单是凭借丰富的资产来进行宣传。而且研究表明,新闻稿中包含多媒体元素时,内容的吸引力会增加77%。

此外,她看到的这些故事和信息的来源不仅是一家媒体。"企业会发出新闻稿,并链接到一个白皮书或一个研讨会的注册页面,让读者直接交易,比如购买在线产品或进行捐赠,真正成为数字营销的工具。"

## 滚雪球效应

新闻宣传有着惊人的雪球效应,一旦被报道就会吸引更多新闻工作者的目光。正如之前提到的,媒体工作压力大,彼此互相提防,观察对方所涉及的范围,所以永远不能预测公关工作对企业的重要作用。伊丽莎白·黛尔(Elisabeth Dale)就是一个完美的例证,她的著作——《胸部保养:女性指南》,让女性更加了解自己。

在写书调研的过程中,伊丽莎白不仅推动了少女胸部健康工作室的发展,还与时装公关公司合作,向媒体发布消息。当地一家报社发现新闻的趣味性之后,派记者和摄影师进行追踪报道,最后报纸大版面刊登了一篇带有伊丽莎白工作彩照的报道。地区另一家电视节目发现了这篇报道,并采访了伊丽莎白。而后伊丽莎白接到了纽约《早安美国》(Good Morning America)制作人的电话,并在这个全国性的访谈节目上接受了访谈。随后她应邀为《伦敦时报》(*London Times*)

写专栏。现如今她把事业扩展成为线上帝国，即创立了TheBreastLife.com，《魅力》（*Glamour*）杂志、《女性健康》（*Women's Health*）杂志和《时尚》杂志（*Cosmopolitan*）等国家和国际媒体定期对其进行报道评论，话题大到乳腺癌，小到运动文胸无所不包，争相分享她的专业意见。这一切，都始于一则新闻故事。

与媒体合作能够促进企业发展。恰到好处的宣传有助于推动营销活动，在此层面上媒体机构实质上成为营销团队的组成部分。希望你先观察自己的职业，分析手头的故事题材，是轰动性的、感人肺腑的，还是有数据支撑的？很多题材都可能塑造出非凡的故事。因此利用免费的宣传来扩大市场吧。

## 营销思维模式

回顾本章所读内容，回答下面的问题。

1. 宣传的具体目标是什么？
- 为网站带来更多的顾客
- 在竞争中获得一席之地
- 跻身行业中权威地位
- 增加销量和收入
- 提高曝光率
- 其他

2. 哪些媒体机构的免费宣传给予企业最好的支持？

- 平面媒体
- 广播
- 网络
- 各种方式的组合

3. 尝试一下编写轰动性的、感人肺腑的或者有数据支撑的新闻点子。以那些最适合你事业的开始尝试。写一条一句话的标题。

4. 接下来，你想讲述的故事是什么？最开始几秒钟你可以说些什么来吸引一位记者？假设自己是一位记者，写一下你要报道的事件的第一段。可以参考下面的关键点。

- 人物
- 事件
- 时间
- 地点
- 原因
- 方式

5. 以哪种方式联系媒体效果最好？

- 发送电子邮件
- 打电话
- 使用新闻专线发布新闻稿
- 聘用公关咨询协助
- 在媒体网站上在线提交表格

# PROPEL

Five Ways to Amp Up Your
Marketing and Accelerate Business

## 第四部分

# 简单明晰
### 计划简单，实施周密

马克·吐温（Mark Twain）

行动是取得成功的秘诀；行动的秘诀在于将复杂的任务细化，掌控全局并逐步实施。

不管你是从前到后，按顺序读完这本书，反思自己的营销策略、品牌故事和企业优缺点，或是直接跳到了这一部分，我想此刻你心里一定充满了想法，知道如何开始建立营销计划，有了明确的目标，做了大量的调研工作，手头也有许多项目等待实施。但是不论是书面上还是头脑中，许多混乱的信息都迫不及待地需要简化，这就是本部分的主题：简单明晰。

接下来的两章将帮助你确定资源（以便能够最有效地利用）、制订并完成行动计划。

第八章将介绍如何将所有的营销观念转变为有效的行动计划，如何制订简单的计划，集中注意最重要的实施因素、实施方和实施时间。万事开头难，制定了行动规划迈出成功步伐就容易了。

第九章将讲述整合资源的观点，以防止重复劳动，浪费时间和精力。通过案例研究将简述几家公司如何白手起家，通过最大限度地利用有利条件，正确利用手头的简单工具获得显著成长。本章还将介绍一些跨国公司在崛起的过程中如何使用同样的工具抓住机遇，不断发展壮大的。

制订简单的计划源于合理化的努力方向，得力于合理运用现有资源。然后才能较容易地制定一目了然的规划文件，让营销工作步入正轨，让项目实施成为可行，向着成功之路不断前进。

# 第八章
# 创建行动方案

到目前为止，我们已经讨论了制定总体战略、塑造品牌故事、取己之长，并利用这些方法帮助定义愿景和目标、建立品牌、塑造品牌故事、辨别能够助力企业发展的人。下面我将展示如何将目前收集到的一切有用信息变成合理的行动方案。把最重要的细节放在一起可以更容易地管理所有营销活动。应该指出的是，营销虽然是整体商业计划的组成部分，但是有必要把营销单独划分出来，形成独立的文件。我会帮助你创建独立的营销计划，即简单、独立操作的规划工具，促进营销活动进展。

这一计划综合了本书讲到的一切，包括之前提到的愿景、目标、使命和具体目标等目前收集的所有观点。此时此刻，你或许认为自己要创建活动来打造新的伙伴关系或需要建立贵宾顾客项目。不论决定自己需要什么，都应该创建活动来巩固项目信息，澄清细节，从全局掌控待做事项。行动计划就是所有人（公司经营者、经营团队、合作伙伴和投资人）群策群力，携手利用营销活动推动企业发展。计划制订得好才能转化为实际行动。

## 结婚就有希望

恰当落实简单的营销计划让组织受益匪浅，其中一个实例是结婚就有希望（Get Hitched Get Hope，以下简称GHGH）机构。该机构是一家具有特色的非营利性机构：每年都会举办年度婚庆用品、婚庆服务拍卖会，为晚期病人筹集善款。换而言之，这是一场新郎新娘参加的大型时尚派对，从鲜花装饰到度假套餐计划让婚庆购物乐趣十足，同时还能做善事。

摆上几瓶酒，六人婚庆专家小组在一次月度网络大会上提出了机构的创意，他们说："如果建立一项活动将当地婚庆行业集中在一起，募集资金办大事岂不是很好？"提出愿景只是简单的一步，专家小组设定了崇高的目标：希望募集到5万美金的慈善基金，但是不确定如何实施这一目标。

"最后我们逆向思考。"经验丰富的婚庆摄影师、小组创始人之一芭比·哈尔（Barbie Hull）说，"首先设想出最终成果，预设了一个成功的大型派对，然后逆向思考，理清实现目标要做什么。"

规划最开始的几天，小组要处理很多事情：创建网站，写新闻稿，寻找合适的办公地点，吸引投资人和供应商等方方面面。万事开头难，况且组内所有创始成员都有全职工作，完全是以自愿的前提在管理机构事务。

在完成工作方面，芭比说小组将一切建立在个人兴趣之上。"我们谈到了我们的核心价值观和优势，意识到必须为规划过程注入新鲜与活力。"芭比解释道，"我和一位女孩是组里的活跃分子，自然就担当PR一职；另外一名成员是位出色的设计师，因此负责设计营销材料；其他几名成员是专业的活动策划，具有战略思维，做事一丝不苟，所以就负责采购；还有一位女孩极具洞察力，还有会计从业知识，设计过邀请函，可以说是才思敏捷，自然就是老板了！她担任小组主席，管理组内各项事务。"

第一年小组决定不使用营销行动方案。六个人都有自己的想法，事情变化很快，制定行动方案似乎只能是浪费时间，不仅没有必要确立行动方案，甚至还有拖后腿之嫌。那时候小组并没有意识到制订计划会让事情容易得多。"最开始那一年我们彼此之间大概通过十几亿封邮件，保持发展轨道实在困难。"芭比说，"虽然活动令人称奇，获得了巨大成功，但最终并没有实现具体的募资目标。"

所幸小组并没有放弃创建行动方案。

"首次活动开展之后，我们受益良多。随后我们制定了SWOT分析表，讨论了现实问题，理清了今后尚需努力的地方。一整年每个人都特别努力，像第二职业一样认真对待，但是只筹集到两万四千美元，我们感到很失望。我们知道自己可以做得更好，因为如果有行动方案在手，肯定会事半功倍。"

小组成员集思广益，探讨如何改善活动策划，便于每位参与者管理，认同机构需要更好的组织方法来管理所有志愿者的理念，全力以赴实现目标。

"第二年我们完成了包括组织机构图在内的商业计划，果然事情大有起色，时间利用更加有效。活动组织日益完善，终于实现了目标！"芭比激动地说。

如今结婚就有希望机构规划团队共有三十多名成员，投资人过百，支持这项事业的志愿者更是不计其数。

"我们的机构已经跨入了第五个年头，我非常确信今年将为梦想基金会筹集10万美金。"芭比自豪地说，"如果在规划的过程中没有迈出那一步，就不可能取得今天的成就。"

开始准备营销计划时需要考虑几个基本要素：需要知道待做之事，谁来完成工作，工作应该何时完成，等等。虽然看似简单，许多个人和组织不断拖延，由于各种原因迟迟不能制定出有用的计划文书。对于结婚就有希望机构这些聪颖、忙碌的创始人来说，从事的活动是如此有趣、令人振奋的新项目，与之形成对比的是制定行动方案听起来如此无聊，简直是浪费时间！有一大堆重要的事等着去做，谁有那个闲情逸致坐下来制订计划呢？所以他们开始没有按计划解决出现的问题，这对于长远发展毫无意义，无法实现原始的愿景和目标。我们应该从中吸取经验教训，按部就班地发展固然无可厚非，但是如果想快速发展并取得积极成果，就需要事先制订发展计划。

## 制订营销计划的五个步骤

一想到要制订营销计划,结婚就有希望机构一些经验老到的专业人员就头疼,想着肯定要非常复杂的计划制订过程,要创作很多电子数据表文件,或许这是事实。我曾与很多组织合作,见过人们不停地重复工作,计划动辄就做上几个月,甚至一项计划文件包含了百余张幻灯片文件。

小型组织里也存在这种情况。有一次,一位同事说自己决定聘请营销机构来帮忙开创新公司。"惠特尼,"他对我说,"你能帮忙看看这个文件吗?是一位外界顾问发给我的营销计划,这可是我见过的最复杂的计划书了,要花费10万美金才能实现,我看没什么意义啊!"

虽然计划中可能包含了世界上最棒的点子、最好的项目,但是如果让人读不下去,更无法使用,那还有什么意义呢?这样的计划肯定无法推动企业发展。好消息就是营销计划并不需要如此复杂,有效的营销计划应该简单易行。本章开头就已经提到,合理化营销活动的最佳方式是基于原始设定的愿景、目标和SMART目标之上创建的。请记住第一章中介绍的计分卡,判断创建的计分卡表格是否体现了公司的发展方向。如果坚持做对公司发展最重要的核心事项,那么营销就会更加有效。因此对于想要获得营销成功的人,我常常建议他们先制定终极目标,然后再用结果推导过程。除了规划出成功的模样之外,如何实现这一目标同样重要。活动策划的第二年,结婚就有希望机构的领导正是这么做的：制定简单的行动方案帮助推进活动进展。

建立明确的蓝图，理清待做事项和捕捉细节一样简单，其中包含一些基本指标又增加了责任性。例如，你的营销计划上可能写着"需要制定电子手册"，但是却从未完成过。没有选定人选，缺少具体措施，没有清晰的截止日期，这样的任务很容易变成空谈。良好地管理营销项目，需要明确的实施方法和简单的管理系统来掌控活动的每个细节。

那么如何开始理清计划中应该包括的事项呢？可以尝试下面的五个基本步骤：

1. 选择项目；
2. 界定项目类别；
3. 选择规划实施工具；
4. 创建行动方案；
5. 使用行动方案。

营销计划的这种简单实施办法适用于小型项目，如在Twitter上发微博，同样适用于大型企业，如结婚就有希望机构的活动规划。下面以直接邮寄广告——来自金牌健身俱乐部（Gold's Gym）的一张明信片为例，说明创建行动方案是多么的简单，希望对于公司中类似活动有所裨益。

## 步骤一：选择项目

规划过程的第一步需要辨别眼前的营销项目需要完成什么任务？

也就是将所有的想法划分成易于管理的小块。例如，金牌健身俱乐部要完成的项目是在当地顾客中进行直接邮寄广告卡片活动。要成功完成这一项目，从设计卡片到邮寄卡片需要完成很多任务。眼下，你要做的就是通盘考虑需要做的所有事情，此后才能将卡片寄到顾客的信箱中。按照从大到小的顺序或时间顺序列出任务清单，使用什么方法都可以，重要的是不要遗漏完成项目所需的每个步骤。下面是制定营销计划第一步的示意图：

| 项目：直接邮寄广告项目 |
| --- |
| 设计卡片 |
| 写卡片副本/文本 |
| 建立图片库 |
| 印刷厂投标 |
| 邮寄商店投标 |
| 准备邮寄地址数据库 |
| 邮寄给顾客 |

### 步骤二：界定项目类别

完成了第一步，下面就要确保计划里的分类准确无误，这样才能追踪最重要的事项，给出所需信息确保营销活动处于正轨。记住分类要简单化，分类过多容易花费大把时间管理计划本身，对于推动营销活动没有帮助。下面是我建议的五个类别：

- **所有者**：工作由谁来做？自己做，还是指派团队中的其他人？需要外包给美术设计员，还是需要实习生帮忙？

- **方法**：在哪里用何种方式完成任务？利用新闻社，还是利用公司的商务电子邮箱发布新闻稿？利用博客系统，还是利用网页开发工具？在金牌健身俱乐部的案例中，要使用外部邮寄商店吗？

- **预算**：成本是多少？完成任务需要费用吗？如果需要，花费多少合适？如果账目繁多，详细说明活动的预算计划。同时还要确认公司是否具有足够的资金完成任务。制作卡片的费用包括设计、印刷、固定图片和邮费等。

- **截止日期**：什么时候完成任务？项目的截止日期或里程碑是何时？所有任务可以在一天内完成，还是要一个月才能实现卡片从印刷到顾客信箱的全过程？

- **成果**：如何知道自己是否成功呢？如何衡量和评估营销项目呢？第十章将讨论衡量项目成功的指标，但是目前请参阅并恰当使用已经制定的SMART目标。

**步骤三：选择规划实施工具**

第三步就是要选择最适合自己的规划工具，即能够巩固所有与任务相关的信息，让参与的每个人都能运用自如的工具。记住：规划工具无须很复杂，一些工具简单实用，表格和要点加起来一页纸就够了。其他工具也很有用，如将待做事项做成思维图表或立体图，对于那些视觉型人士来说特别有益。

下面列出几种工具供你参考，有最简单的也有稍微复杂的。在之前的项目中每种工具我都有所尝试，每种工具也都有各自的用途，具体选择哪种工具要视项目情况而定。不论是写博客，还是全球范围内发新闻稿，这些工具都有助于你实现成功。你首先可以选择一种会使用的工具，如果没有效果再尝试其他途径创建营销行动方案。

- **Word文档或Excel表格**：行动方案可以如Word文档中插入的表格或Excel表格那么简单，就是那么短短的几行或几列，重要的是记录营销项目最重要的信息。

- **日程表**：一些人利用简单的日程表记录需要做的事项、完成工作的负责人和完成事项的时间。如果这种简单的方法对公司适用，就可以加以利用。

- **营销机构日程表三步走**：喇叭公司（Claxon）的艾丽卡·米尔斯（Erica Mills）因帮助具有使命感的非营利组织做善事而广受关注。从帮助全球最大企业到地方食品银行，多年来艾丽卡·米尔斯开发出了一套简单的规划日历，作为"营销树"方法三步骤的组成部分。要保持营销低压力和高影响力，她建议选择三项活动集中进行。下面举例说明"营销树"日历的结构：

- **谷歌办公套件**：这一工具在创建计划方面功能强大，而且是免费的，可以与团队分享、管理营销活动进展情况。只需几分钟它就可以让人人学会实时使用和编辑同样的文件。结婚就有希望机构的芭比说第二年他们就开始使用"谷歌办公套件"进行规划，取得了重大成果。

| 机构 | 预算 | 成功指标 | 任务 | 到期日 | 责任人 |
| --- | --- | --- | --- | --- | --- |
| 优先1：广告传单 | 创建：两小时 | 提到广告传单的电话/邮件数量 | 1.创建广告传单 | 1月31日 | 苏 |
| | 张贴：两小时 | 广告传单带来的新客户数量 | 2.印刷广告传单 | 2月5日 | 帕特 |
| | 打印：50美元 | | 3.张贴广告传单 | 2月15日 | 帕特 |
| 优先2： | | | | | |
| 优先3： | | | | | |

- **Project Bubble**：Bubble项目简单易学，是在线项目控制工具，具有记录细节的能力，包括项目花费的时间，鉴于合作、项目报告等因素，甚至可以用来创建清单。几秒钟就可以创建起项目，然后分派给项目负责人在规定时间内完成任务。

- **Basecamp**：利用这项在线工具进行任务管理时一目了然。除了基本要素，Basecamp具有可视的项目活动时间表，可以清楚地看见项目负责人和项目活动的具体事宜。还有仪表盘的功能，能够一目了然地观察所有的活动和情形。

- **微软项目管理软件**：该工具对于大型营销活动，如团队人数成百上千、预算投资额多达几百亿的全球产品发布会等非常有效，其特点之一就是为管理者提供简单的方法，可视化地观察任务序列，防止在规划阶段个人负担过重，并根据个人的实际时间适应性来快速分配任务。

**步骤四：创建行动方案**

选定了合适的工具之后就可以开始填空了。在之前提到的金牌健身俱乐部的实例中，下面的表格可以用于Word文档或Excel表格之中：

| 营销计划 | 所有者 | 方法 | 预算金额 | 截止日期 | 成果 |
|---|---|---|---|---|---|
| 设计卡片 | 帕姆 | 外包给设计师 | $500 | 6月1日 | 设计完成 |
| 写卡片副本/文本 | 巴布 | Word文档 | 无 | 6月8日 | 副本写完 |
| 备份照片 | 巴布 | Istockphoto.com | $100 | 6月8日 | 生成照片 |
| 印刷商投标 | 帕姆 | 电话/邮件 | $1,000 | 6月15日 | 接受投标 |
| 邮寄商店投标 | 帕姆 | 电话/邮件 | $750 | 6月15日 | 接受投标 |
| 准备邮寄地址数据库 | 巴布 | Salesforce.com | 无 | 6月22日 | 地址总结完成 |
| 寄信给顾客 | 帕姆 | 邮箱 | 无 | 6月29日 | 卡片印刷完毕、邮递完成 |

**步骤五：实施行动方案**

制订好计划就可以让计划为己所用。要做到这一点需要决定使用计划的频率，什么时候检验计划，什么时候回顾所做之事，特别是如何管理和监管这些截止日期。有些人每日处理营销活动，也有些人每个星期监管营销活动进展情况。我知道有一家会计师事务所将营销最小化，每季度进行一次计划审查。利用计划的方式极大地取决于公司的整体发展步伐和项目的截止日期。要避免创建计划之后就原封不动地保存在电脑桌面上或是放在谷歌办公套件里，任其自生自灭。为创建的计划提供有用的工具，并且灵活地实施计划才能发挥营销计划的价值，才能推动企业成功。

记录是一回事，但是应该多久回顾一次行动方案，判断计划是否有效呢？我建议最少每季度审查一次计划实施情况，确保计划能够支持公司发展，实现营销目标。

记住：事情皆处于变化之中，万事万物莫不如此。营销项目会变，截止日期会变，执行任务的项目负责人也可能变动。或许你觉得下个月应该自己创建电子手册，但是下个月可能会演变成了两个项目，打印版的文件也不得不延长截止日期。因此要保证计划合理，与时俱进，方便实施。

## Audiosocket公司

我还想与大家分享最后一个成功故事，展示营销计划的强大力量。Audiosocket是一家有组织发展的机构，最初与结婚就有希望机构类似。现在，它已经发展成拥有204个音乐流派的3.5万首以上歌曲的精品音乐授权和科技公司，为有需要的公司和个人提供音乐。它代表着世界各地2000多个新兴乐队、作曲家和唱片公司。

最初，公司完全依仗独特的技术平台获取成功，为顾客提供音乐。"创立之初，我们资源十分有限，无法以其他方式发展。"Audiosocket总裁兼首席运营官简恩·米勒（Jenn Miller）介绍说，"但是在发展的新阶段，我们知道自己需要的不光是出色的产品，还需要强大的营销计划推动企业发展。"

顶尖视频分享网站Vimeo选择Audiosocket作为自己音乐商店的音乐合伙人时，简恩·米勒的领悟才真正地击中要害。这次合作也是Audiosocket MaaS 平台首次投入使用，为Vimeo顾客提供Audiosocket全部歌曲库许可，利用电影原声进行视频制作，然后合法地分配权限。另一方面，Audiosocket的艺术家们现在也受益于规模可观的新型分销渠道，包括有条件地支付授权音乐的费用。同时获得了Vimeo每个月超过5000万访客的支持，其中很多人都是专业的制片人。

有了这笔大交易，Audiosocket是时候加大营销努力了。"我们知道自己需要深入探讨稳定的营销和PR策略，提高意识，增加销售额，聘用著名的PR公司是我们做过最好的营销计划之一。"简恩说。

Audiosocket决定将媒体关系处理外包，聘用咨询公司帮助创建行动方案，并且取得了成效。公司的PR活动直接促进了媒体和博客上独特故事的大量增加，公司还以如下标题的文章而闻名："艺术家赚钱的10大方式"等。除了与Vimeo合作，目前还有很多从事数字、移动和内容创造的国际媒体公司也设法与Audiosocket合作,简恩说在主动的PR和媒体关系规划上花费时间和集中资源帮助公司获得了公众的注意,下一步要花费更多的精力在营销上,以此推动公司长远目标的实现。

我要声明最后一点:某些情况下你会需要更为复杂的营销计划,如试图从银行或其他金融机构续贷时,或是计划招揽投资者、竭力向风险投资集团发出邀约的时候。这就需要综合商业计划中的全部细节,贷款方和投资人可能会看营销背后的所有细节以确保项目能够实现既定目标,获得合理利润和承担金融债务。

现在你应该清楚建立营销行动计划需要做的事,明白营销行动计划如何发挥作用。如本章所示,这一强有力的工具对各种规模的组织都具有巨大价值。重要的是要记住:创建简单易行的行动计划才能获取成果。计划要合理化,要尽可能容易管理,这样才能够成功实施。总之,预先制订行动计划定然会有回报。

## 营销思维模式

回顾本章所读内容,回答下列问题:

1. 目前拥有什么类型的营销计划?
2. 营销项目如何从行动计划中获得最佳收益?
3. 应该追踪哪些营销类别?
4. 什么样的营销工具最有效?
5. 如何确保计划得到实施并能创造价值?

# 第九章
# 积跬步以至千里

上一章已经介绍了如何通过创建项目行动计划实现市场营销目标。但是如何才能将计划付诸实践呢？如何将计划中的所有好创意付诸实践并获得结果呢？我将实施计划最简单便捷的方法命名为"积跬步以至千里"。也许有人会告诉你"要么做大，要么回家"，但从小事做起有助于坚持到底，降低失败概率，而且要找到适合自己的简单操作过程。最开始迈出合理的一小步，抓住容易成功的机会，成功就离你不远了，不知不觉中你的努力势头上升，自然而然地踏上了营销成功之路。

对于大型企业或小型企业来说，制定简单的销售和营销过程是成功的关键。以宝洁（P&G）公司为例。宝洁的分公司遍布全球80多个国家，日用消费品销往全世界180多个国家。2011年，宝洁的销售额达到了826亿美元，但令人震惊的是，如此惊人的成果竟是采用流线型销售方法取得的。

我曾有幸与罗恩·阿萨哈拉（Ron Asahara）合作。罗恩在宝洁公司从事销售工作已经超过15年了，参与了宝洁旗下玉兰油、佳洁士、维克斯、Scope 漱口水和Pepto-Bismol胃药等价值上亿美元的品牌销售工作，负责把产品推销和销售给顾客，如沃尔玛（Wal-Mart）、塔吉特百货（Target）、凯马特零售公司（Kmart）、克罗格零售公司（Kroger）、爱博森连锁（Albertsons）及沃尔格林连锁药店（Walgreens）等。他和我分享了一些幕后故事，揭示了宝洁公司基本销售过程背后蕴藏的大智慧。

罗恩谈到，自己在宝洁工作时最难忘的经历就是所谓的"五步销售法"。无论顾客公司规模大小，宝洁都会教导每位销售员向买家或者顾客进行销售展示时必须要经过这五步，即"总结概况、表明意图、说明方法、强调核心利益、建议易于执行的后续工作"。罗恩说："成功的关键不仅在于专注实际销售简报，还要提前做好必要准备。"

"这么多年的工作经历让我认识到不管结果理想与否，提前计划和利用销售过程的重要性。"罗恩谈道，"在实施计划的过程中总能学到重要知识。我遵照销售步骤，记录信息和顾客反馈，尽可能从每个销售电话中吸取经验，完善准备工作，如有必要就进行修改以便抓住下一个机会。"

罗恩说得没错。在营销过程中，仔细观察营销进展的情况是十分重要的。制定一个切实可行的营销计划的伟大之处就是营销过程中可以方便灵活地进行适当调整。营销过程因此更加简单易行，即使过程有变也无须丢弃原来的计划而重新开始，只需对营销活动稍作改动，充分利用所拥有的资源即可。世界500强公司一直采用这种过程修正方法，而这种方法也特别适用于小型企业。本书开篇就提过，不存在万能的营销方案，所有方案都要经过验证。只要你用心观察推动营销发展的因素，充分利用现有资源，营销就能够推动企业发展，获得满意的成果。

## 积跬步以至千里——慈悲的厨师

科琳·帕特里克-古德罗（Colleen Patrick-Goudreau）是将营销观念付诸行动的典范。从业12年以来，科琳的烹饪课总是座无虚席，通过课程、畅销书、鼓舞人心的讲座、引人入胜的视频和大受欢迎的播客——"精神的素食食粮"，引领人们成为素食主义者并坚守这一信念。她的独到之处在于将热情幽默与常识结合，鼓励人们遵照自己的怜悯之心和健康观念来生活。科琳把自己的成功归功于从小事做起，通过简单的行动步骤，充分利用所有潜在的机会进行营销。科琳脚踏实地地壮大了事业，并在此过程中展现了她的足智多谋，因此我认为她的成功故事值得分享。

科琳刚开始只是一家小企业负责人，资源极其贫乏，只能一切从简。"创业之初我对自己说：'社会需要这样的企业，就让我来填补这片空白吧。'即使是现在,我做任何事都不是因为事情本身,而是考虑到它将如何帮助公众和我的事业。这就是我成功的秘诀。"科琳如是说。

起初,将观念付诸行动并获得收益富有挑战性。"像我们这样从事与动物权利相关的事业很棘手。这份工作至关重要,但是不知为什么,人们却认为你不该从公益事业中获利。因为从慈善中获利你就是唯利是图的小人。这种模式很可怕,需要有人来改变。"科琳说道。

经过年复一年的努力,科琳终于找到了便捷方法来充分利用现有资源,扩大自己的事业。她说:"我非常自豪能够创建这种有效的商业发展模式,既能推动社会公益事业发展,又能为自己提供谋生之道。"

她以简单明确的方式推动事业发展。科琳说:"从一开始,我做事和扩展事业的方法就是明确问题、分析市场的公众需求,然后找到解决方法。方法就是这么简单,我利用顾客的反应,倾听他们的需求,指导企业发展方向,同时利用一切媒介寻求解决方案。"

创业之初,她这就是本着这样的理念教授烹饪课程的。她对动物感情深厚,曾经站在加利福尼亚州柏克林市的大街上,发放传单,播放动物在农业生产中遭受虐待的视频,为它们的悲惨遭遇大声疾呼。

"人们会驻足观看,'确实很残酷,但如果不这样,我吃什么呢?用什么做菜呢?'人们就会发问。当时我就对自己说:'人们需要的是烹饪课程!'因此决定开始教授烹饪,虽然我取得的是英语文学硕士学位,没有接受过专业的厨师培训,但是我必须开始提供烹饪课程。"

科琳找到了合适的办公地点，开始了第一堂烹饪课，事业也从此扬帆起航。进行烹饪教学的同时，科琳拓展了个人视野，搜集了大量方法，探索如何最好地将素食主义方法应用到传统的烹饪技巧中做出美味佳肴。参加课程的学员高度重视这些新信息，她也因此有机会检验新食谱和新方法。人们对她的菜谱和烹饪工具越来越感兴趣，有人问科琳能否以其他方式授课，尤其是让那些远离旧金山湾区的人们也能够参与到课程中来。

"那时我意识到应该制作并出售DVD教材，也确实付诸行动了。"这样，她成功地利用烹饪课程的内容，并在此基础上创建了崭新的网络烹饪事业。

发行DVD教材之后，科琳不断收到读者的来信，他们想深入了解她以慈善的方式进行烹饪的独特想法和故事，并询问是否能够通过网络和电子邮件获取更多信息。她再一次听取市场的呼声，灵活地调整了发展道路。通过烹饪课程，她了解到自己引领人们成为素食主义者的方法很好。然而，由于正处于事业上升期，时间和市场预算都捉襟见肘，于是她决定优化资源配置，以最简单有效的方式分享信息。仅凭自己的一台电脑和一部手机，科琳制作了一系列的播客，开始在网站上推广。

"六年前，我坐下来录制了自己的第一个播客。"科琳说道，"当时还不了解如何制作令人印象深刻的播客，如何去销售，也不知道会不会有人点击我的播客。只是觉得自己录制的内容很有吸引力，以为简单地做好后传到网上，顾客们就会主动上门。看见人们在播客上与我展开良好互动时，我就坚持更新播客，逐渐地口口相传，生意越做越大。播客让我挖掘到了前所未有的客户——世界各地的客户，它真的很强大。"

人们发现了科琳的故事不仅意味深长，还能改变生活，甚至可以发展成为一套商业模式，让科琳获得了边际收益，从而更好地推广自己的播客。本来不计收益的草根方法发展成为一个羽翼丰满的赞助项目。

"最开始制作播客的几个月内，我开始在邮件中收到支票。"科琳说，"神奇的事发生了。人们写信告诉我播客多么惊奇，让我坚持下去，还问我需要什么帮助与支持。这就是播客带来的收益模式，于是我开创了称之为'播客赞助'的计划。"

科琳开始阅读一些听众的来信，他们领略了播客真正的价值，邀请其他听众成为播客赞助人。"人们重视投资的事物，与公共广播和公共电视模式相同，只有人们意识到播客的价值，才会支持播客的发展。"

最终，科琳决定打破发展模式，不只是要赞助自己的播客。于是她改变初衷，创立了一个包含有三个参与级别和成本结构的完善会员制项目。科琳说道："网站上不可计数的内容都是免费的，播客同样也是免费的，但是人们如果想获得额外的内容（比如食谱、视频、随笔等）就需要付费了。人们了解这个价值，知道自己的力量能让世界变得更加美好，因此自然乐意为额外的支持和信息支付费用。"

# 第九章
## 积跬步以至千里

科琳坚持保持事业和市场的灵活性，多年来不断完善赞助计划，把事业和组织整合到了现在所谓的"慈善商业伙伴计划"中。经费由当地和国内支持品牌和慈善课程的组织提供。如今，她的合作伙伴包括时尚素食主义（Vegan Essentials）、地球平衡（Earth Balance）、亚波娜（Arbonne）、福尔曼医生（Dr. Fuhrman）、波士顿 Baked Bonz 和 Cinnaholic（一家素食主义美食家的肉桂卷公司）等网站。

梦想转化为现实并不容易，科琳也曾遇到过障碍，走过弯路。"我也曾迷茫过。好几次直觉和所有迹象都告诉我发展方向不是正确选择。于是我遵从内心想法，回到了支持我获益的核心上。由于资源有限，我必须时刻问自己：'怎样才能最好地利用时间？'"

科琳的迷茫之一就是创建培训项目为全世界培养慈善烹饪人员。综合自己10年教学课程，科琳把烹饪班提升到学校的高度，被尊为美国烹饪学院，这在当时非常有意义。和律师讨论如何组建学校，创建专营模式是否更好，她突然意识到应该一如既往地保持简单化。

她说："我发觉自己最好的技能和优点就是烹饪、教课、写作和演讲，要是一条路走到黑完全是浪费时间和精力。"

今天，她坚守着自己的愿景，提高工作效率，开创了一番事业。作为一名获奖作家，她曾编著三本烹饪书籍——《素食主义烘焙的快乐》《餐桌上的素食主义》和《赋予我素食主义》；两部关于素食主义和慈悲生活的书籍——《素食主义者的日常指南》和《挑战素食生活30天》。她经常做客美食频道和公共广播公司，定期向国内公共无线电台和《基督教科学箴言报》（*The Christian Science Monitor*）

投稿。通过热销的烹饪教程、激动人心的讲座和广受欢迎的音频播客——"精神的素食食粮",她不懈地努力,引领人们开启健康和富有怜悯之心的生活方式。

分享科琳的创业之旅,是要向世人展示梦想变为现实的过程。她的故事完美地体现了简单的一小步如何带来巨大商机,最大化地利用资源能够让你充满力量。如我之前所说,从小事做起,让事情尽可能地简单、容易管理,会得到惊人的回报。小事虽然不起眼,但是日积月累也会推动企业进一步发展。

## 衡量有利条件的10种方法

执行计划时认清最简单可取的资源非常重要。分析哪些资源唾手可得,对于获取更多市场份额意义非凡。下面10种简单的方法有助于利用自身资源推动企业发展。

**1. 高度重视时间**

极短的时间内也可以实现大量销售。落实行动计划时,15分钟的工作量就能帮你取得巨大成功。布雷特·伦威尔就是例证,也就是第一章中提到的那位电影摄影技师兼时尚摄影师。下面讲讲他的幕后故事,看看他是如何被非政府组织 Kageno 聘用的——他直接给该组织发了一封电子邮件。

"我一直希望能有机会在海地从事摄影并产生影响力,为人道主义事业多做贡献。"布雷特这样说。为客户剪辑影片期间,他在工作间隙浏览了一本名叫《时尚》(*Vogue*)的杂志。"我偶然读到一位超模为非洲名为Kegano的非营利组织工作,目的在于改善非洲贫困村庄境况。"快速调查了这家组织的网站之后,他发出了一封电子邮件。布雷特说:"我没有丝毫犹豫,简单地表达了合作意愿,要是他们需要任何影片和摄影的帮助,请随时联系我。第二天负责人就给我回了信。"

一周之内布雷特就坐上了飞往卢旺达的航班。

## 2. 重新包装知识

如果产品和服务中整合了很多信息,要尽可能地以多种方式使其转变为企业优势,这点尤其适用于服务型企业。正如科琳的故事一样,科琳能够抓住烹饪课程上的信息,转变为实际可用的DVD,而后录制成播客,最终凭借可靠的食谱和建议创作了备受赞誉的烹饪书籍。把唾手可得的资源以全新的方式包装,既能为顾客创造更多价值,也能为自己带来更多收益。

我见过许多人在营销过程中白费力气做重复的工作,犯下了大错。很多情况下,你也应该重新利用自己已有的资源,尤其是改变交流方法,比如利用网站和电子邮件进行交流等。

近期我与一家金融服务公司合作,公司领导是位杰出的作家。她花费了几小时写出了一篇优秀的博客帖子,介绍入门知识。我建议她把文章投给杂志社或是改编成新闻稿投给其他媒体机构。她采纳了我的建议，这篇文章已被刊登在一家国内商业杂志上。

一些情况下需要创新，比如新闻素材已经过时或者品牌/公司发生变化的时候。但多数情况下，触手可及的才是最好的材料，所以要充分利用能够任意支配的资源。

### 3. 追随持久潮流

多数潮流瞬息即逝，但坚持到底的潮流可以转变我们的思想。年复一年的宣传之下，"可持续性"已经从一个时髦的话题成为一种稳定的心态。早期接受这种心态的是泛太平洋酒店集团，这是一家世界级精品连锁豪华酒店。除了实施一些环保的举措外，泛太平洋酒店集团的西雅图分店发起了一项全面的全球责任活动，被称为"泛地球计划"。这个计划的开创令西雅图分店成为业界的思想领跑者。从客房服务到酒店管理，所有的员工或合作伙伴（酒店把他们称为团队成员）在照料入住客人的同时，也积极地履行保护环境的责任。

酒店总经理大卫·沙利文（David Sullivan）说："我们为每位对此感兴趣的伙伴提供全面的'泛地球大使'认证计划。只要有才华，我们就授权他们带领客人或者媒体成员到二线工作区域，从节水马桶到每月为地球清洁工作捐献的100多磅肥皂，全面体验计划的实行。"沙利文从事酒店商务已超过25年，曾经就职于许多名牌酒店，如四季酒店集团、美国和伦敦的丽景酒店等。"我们长期恪守持续负责的态度，并将继续投资泛地球计划，因为这不仅对环境保护至关重要,也有益于我们的客户和合作伙伴。从商业角度来看,这也是一件正确的事情。"

### 4. 创建实习岗位计划

实习生是极其有用的资源,然而却被许多人忽略。创建实习生项目,不管是否授予学分,都是促进营销发展的好事。作为一名大学教授,我知道每年渴望在简历上增添一些社会营销经验的大学生不计其数,而且各个院校的就业中心一直都在为学生寻找新的实习机会。

实习生每周少则工作五小时,多则形同全职工作人员,这主要取决于企业需求和学生课余时间量。对于实习生,通常只需支付最低工资,也就是说不需要支付高额薪水,但是可以提供极具吸引力的工作机会,即必须帮助他们学到更多东西。最近我帮助一家创意公司创建了实习生计划,其中一页内容为实习生工作描述。一周之内,公司创始人就找到了一位合适的实习生愿意协助公司开展大到社会媒体管理,小到向媒体投稿等一切事务。所以,创建实习生计划不仅对于组织有极大帮助,还能帮助在校生增加社会经验。

### 5. 重视周围的人,特别是员工

2000年5月,美国政府决定让更多市民享受GPS(全球定位系统)信号服务。24小时之内,戴夫·厄尔默(Dave Ulmer)在俄勒冈州放置了第一个地谜藏宝地点(当时被称为"GPS藏宝"),并把坐标发布到了网上。三天后,麦克·蒂格(Mike Teague)使用私人GPS接收器找到了藏宝地点。发现"原始藏宝地点"之后,他就在蓬勃发展的社区网络上分享了成功经验。

四个月后,一位名叫杰里米·爱尔兰(Jeremy Irish)的人创建了Geocaching.com网站,支持这一业余爱好。几周之后,《纽约时报》(*The New York Times*)把此消息刊登在"网络"板块的头条,令网站点击率急速飙升。为了把网站做得更好,他向伊莱亚斯·沃德(Elias Alvord)和布莱恩·罗斯(Bryan Roth)寻求帮助,请求他们加入,成为真正的工作伙伴。于是三人共同创建了Groundspeak网站。至今,公司仍然让员工参与企业的成长过程,大力支持和鼓励其在户外活动中使用地理定位技术。公司网站上甚至还有一组员工和顾客的真实故事的视频,展现了他们对这项游戏的喜爱。

这种真正基于人际关系的营销模式是Groundspeak取得胜利的关键。"所有员工在Groundspeak工作一年后,每逢地谜藏宝活动就会与地谜藏宝团体见面。"布莱恩介绍说。

"他们所到之处取决于各自的资历、入住社区时间的长短等,但是人人都有机会,可以到世界某处旅行。通过让员工与顾客一起亲身参与旅行,员工既能与客户共享欢乐时光,又能提高工作积极性,把积极的经验和一手知识带回公司。"布莱恩补充说,"这样做我们不仅能掌握社区顾客所需,还有助于分享员工和顾客的地谜藏宝故事和经验。"

## 6. 更多地利用社交媒体

艺术产业在不断发展。随着社会媒体的崛起，越来越多的艺术家把销售和营销掌握在自己手中，亲自与粉丝群和收藏家建立联系。我的哥哥乔什·凯斯（Josh Keyes）就是这样一位艺术家。乔什的画风混合了栩栩如生的动物形象和优美如画的风景，并在嬉笑中夹杂着对地球未来的关心，让人联想起科学课本上的插图。

乔什和大多数艺术家一样，事业生涯始于努力展示和销售自己的作品。为了扩展事业，他与画廊和非营利组织合作，提高作品的曝光率。过去20年中，他努力建设一个令人钦佩、积极向上、直言不讳的团体，涵盖了五千多个Facebook用户、网络艺术聊天室和论坛的积极分子，甚至在乔什电子邮件的数据库内也有很多的粉丝。如今他的作品很畅销，甚至还没画完就有顾客购买，这对一个小业主来说是一项壮举。

因此，社交媒体成为乔什市场营销过程的核心部分。"社交媒体工具为我节省了很多时间，让支持者能方便地联系到我。"乔什这样说。为了寻求方法迎合支持者的需求，他开始发行限量版精品艺术绘画。每发行一个限量版，人们就会涌进博客并通过社会媒体渠道分享即将推出的画作信息。"对于近期发行的作品，我决定不使用自己选择的图片，而是在Facebook和其他艺术论坛中推出投票活动，让粉丝们选出最喜欢的图片。"乔什说。

这对乔什和收藏家们来说是巨大的成功。"作为一位艺术家，我或许对有吸引力的事物持有最初的构想，但大多数取决于购买作品的顾客。"社交媒体的热议，加上乔什自己在邮寄名单上所做的努力，三百多幅画作在五分钟内销售一空。就这样，乔什以创新的方式利用社交媒体推动事业的发展，成了艺术产业的先锋。

**7. 利用个人优势**

你当然不能随心所欲地行动，尤其是在事业起步阶段或是某个大项目的关键时期。即使不喜欢或者不擅长也要亲力亲为，从制作视频到创建社交媒体活动的大小事情都不能错过。要尽快把热情和优势融入市场营销中，这与第二章讲述的情境分析有着直接的联系。如果你能够发现自己的优势所在，那么营销工作会更加有效。

每当挖掘自身优势的时候，我都会想到她的经历。她是我的客户之一，是名优秀的营销人员，在公司如鱼得水，很快得到了晋升，最后成为团队总监，负责管理公司最大的财富——世界上最大的顾客群。她不负众望，超额地完成任务：编写关于顾客的文章，管理大事件，写新闻稿，做幻灯片。总之，什么要求都能满足，既明智又有战略眼光，还擅长市场调查和分析，总能发觉公司吸引最佳客户的闪光点。

有一天，她的上司——公司副总裁，走进她的办公室，给了她一个巨大的晋升机会。副总裁说："我有一些事情想让你做，你会获得极大的曝光率，有助于你的职业发展。"副总裁想让她在公司500名内部销售和营销人员面前演讲。但是唯一的阻碍就是：她非常内向。一想到要在10名同事面前讲话她都觉得害怕，更别提在500个陌生人面前演讲了。她婉言谢绝了副总裁的好意，说明了自身情况，表明自己非常愿意在幕后支持他或团队的其他人进行演讲。

但副总裁没有就此作罢，而是鼓励她说："这有益于你的职业发展，你需要锻炼演讲技能，必须提高在公众面前演讲的能力。"听到这些话，她立刻辞去了公司的职位。

如果副总裁能发现她的长处，重视她的优势，支持她，她也许还会留在那个公司。但她现在成功地经营了一家营销策略咨询公司，很多世界500强公司都是她的客户，收入比原来多得多，这主要得益于她充分利用并尽情发挥了自身的最大优势。虽然方法简单却非常有助于推动企业的发展。

## 8. 尽可能地整合

在美国，超过40%的人都喜欢淡咖啡，星巴克需要提供味道温和的咖啡，才能更好地服务于现有和潜在的顾客。经过18个月的烘焙和配方调整，星巴克终于敲定了完美的咖啡配方：Blonde Roast咖啡。为了能紧密快速地接触到所有渠道的顾客，即零售店的顾客们、持有星巴克品牌许可证的公司和其他零售店，公司快速有效地集结了所有的销售网络和公关资源，最终取得了令人满意的结果。这是公司历史上首次同一时间在世界各地的零售店发布新品咖啡。

星巴克以其标志性的焦炒咖啡闻名。但是为了推广Blonde Roast咖啡新品，星巴克销售团队发起了一系列名为"寻找你最喜爱的咖啡"口味测试活动。公司高级公关经理艾丽莎·马丁内斯（Alisa

Martinez)介绍说，公司利用零售网点在几天之内就与成千上万的顾客取得了联系，让他们品尝到星巴克各种口味的咖啡：淡雅口味、温和口味和浓郁口味，同时让他们评选出自己最喜爱的口味。公司希望通过味道测试确定顾客的口味偏好或者用来发现新口味。之后星巴克为每位顾客提供了优惠券（购买1磅全豆咖啡就减1美元），派发免费的口味指南来展示咖啡的烘焙类别和标签，让顾客标出他们最喜爱的咖啡口味。

作为该活动的组成部分，星巴克实行了多重PR策略，包括长期的消费者产品手册推广，星巴克高管、咖啡专家在五个城市联合发布londe Roast咖啡新品上市时间声明。活动发布几天后，在三个城市的星巴克旗舰店内成功举行了"寻找你最喜爱的咖啡"媒体博客活动。最后，星巴克通过商业通告获得了2.87亿次媒体关注，通过消费者获得了2.5亿次媒体关注和95%的信息促销。公司坚持重视其零售商店和伙伴（雇员）、其3000万的Facebook粉丝和全世界上百万的星巴克会员，借由他们宣传品牌故事，并引发人们对星巴克Blonde Roast咖啡和咖啡种类的关注。

目前，Blonde Roast咖啡在零售商店的销量已经超过预期。星巴克通过完整的市场整合，不仅使其新产品成功获得关注，并且保证了顾客可以喝到品质好、味道棒、口味淡雅的烘焙咖啡。

### 9. 经营客户评价

很多商业人士告诉我，他们自己有一大堆顾客的正面反馈资料，对此我很惊讶。这些反馈虽然铁证如山，但若是把它扔在回收站里对公司有什么帮助呢？若是那些满载荣誉的感谢卡片被你丢在办公桌的角落里，那么对营销工作肯定毫无帮助。你可以适当或完全利用这些积极正面的客户评价，将其分享在网站上，放在电子快讯中，发布到Twitter上或者选取部分赞美之言发布到Facebook上。除非你打算使用顾客全名，否则无须担心得不到许可。

## 10. 循环利用工具

从广告传单到幻灯片展示，有效的营销手段经常需要运用多种交流工具。改变运行良好的工作或是重新修改工作都是合情合理的。莉萨·斯特拉顿（Lisa Stratton）是微软的高级市场经理，主要负责Windows Phone操作系统顾客关系营销项目的策略制定和执行。她发现了一个绝佳方法，能重新利用无效的电子邮件。莉萨帮助顾客使用手机，发现手机的新功能，最终让顾客离不开手机，任务并不轻松。据莉萨说，微软与诺基亚合作，所以她在Windows Phone项目工作的这段时间令她感到非常兴奋。她说："与诺基亚和其他智能手机品牌合作，以全新的方法真正扩展这个领域是个极大的机遇。"

也就是说，莉萨认为微软在进军智能手机领域稍微晚了一步，因为苹果和安卓都已经在智能手机市场开创了自己的一片天地。莉萨说："我们为赢得顾客的心和青睐而不断努力，让顾客知道为什么Windows Phone比其他手机胜出一筹，并列式窗口能够活灵活现地展现手机的智能屏幕，应用软件整合也能给用户带来更快捷的操作体验。"

莉萨把焦点之一放在为顾客发送增值、有效的电子邮件活动上。随着营销的推进，莉萨每月都需要利用有限的资源和预算，制作品质精良、引人注目的电子邮件。她谈道："我们经常需要在电子邮件中加入新信息，这就需要我们灵活、快速地更新产品。"

使用促销电子邮件中的模板可以让过程更加合理顺畅，但是莉萨谈到使用模板也有麻烦：一段时间之后，模板看上去显得陈旧死板。而且由于设计缺陷，还需要选出"现有的最佳选项"，麻烦而且不实用。

"加入团队以来，我发现使用的电子邮件模板有很多不足：电子邮件的外观都相同；标题和主要图文（我称为'核心'）都在同一个位置；正文是三段式文章布局。因为我们经常把手机图片放在核心文章中，也许注意到这些邮件不同之处的只有我。"

为了利用电子邮件工具取得更好效果，就要保持营销过程简单易行。莉萨和公司共同更新了模板使其更加灵活。"模板更新方案用的是我在微软14年中用过的最好的电子邮件模板，便于创意团队使用，而且不会限制他们的创意。有五种不同的模块可供选择，可以随意添加在要发送的电子邮件中。"莉萨这样说，"可以在一个模块中改变整个布局，在其他模块中，可以按月使用模板中的外观设置（产品外观、截图、移动应用软件界面）来改变外观。这样每一封电子邮件的外观都不相同，但又能与已发送邮件保持整体上的一致。电子邮件编码员很喜欢这种方式，因为可以重复利用代码，不用每次都重新创建新电子邮件，信息延迟又不能修改发送日期时，时间非常紧迫，因此这对邮件编码员来说意义非凡。"电子邮件的持续性、统一性获得了顾客的信任，他们开始期待每期电子邮件的新内容。最重要的是邮件还可以打开、点击和分享，收效甚大。

莉萨和团队在先前模板的基础上，用四到六周的时间就可以创建新的电子邮件，完成了从构想到发送给顾客的整个过程，包括经销处编写邮件内容和设计创意，莉萨、主要股东和管理人员规范邮件、法律审查，最后创建超文本标记语言（HTML）并进行电子邮件测试。莉萨说："使用这些新模板仅仅在四天之内就能完成新的电子邮件，必要的话我们可以重新设计原来的电子邮件模板，为市场营销活动节省一半时间。"

如本章所展示的一样，将营销计划付诸实践的最好办法就是一步一个脚印，开展适合自己的工作过程。把计划付诸行动时，要灵活变通，弄清楚哪些资源是最容易入手的。这样才能最大限度地利用时间、优化预算和其他资源。我从未见过一个计划能够从头至尾毫无阻碍地实行下来，因为事情随时在变化。实行计划的过程中，很有可能出现新的社会媒体工具，发生新变化或是出现值得投资的新方向，因此需要一步一步从小事做起。记住一句话：积跬步以至千里。

**营销思维模式**

回顾本章所读内容，回答下列问题：

1. 目前将你的营销计划和想法转变为营销行动的步骤是什么？

2. 目前拥有的资源还有哪三项是未被充分利用的？

3. 如何最大限度地利用时间？15分钟内你有办法让企业更进一步吗？

4. 有没有更好的办法可以影响周围的人，特别是员工？

5. 如何更好地利用营销工具和营销活动？有没有办法重新包装知识和信息？有没有可以重新设计的营销内容？有办法更好地利用社交媒体吗？

# PROPEL

Five Ways to Amp Up Your
Marketing and Accelerate Business

## 第五部分

# 保证速度
### 加速实施，果断前行

萨莫·雷德斯通（Sumner Redstone）

规模已经不是主导了……敏捷迅速才是获胜法宝。

本书之中我已经与你分享了制定总体规划、塑造品牌故事、取己之长和制订简洁明晰的计划的方法，还介绍了这些方法是如何互相作用为营销活动增砖添瓦、推动企业进步的。本书的最后一部分将介绍最后一项方法：保证速度。速度能够从两个方面助你成功：一是机遇出现时及时加以利用；二是通过度量与分析，迅速获得正确成果。

　　第十章包含很多主题，帮助你猛踩油门全速前进而又不危及营销质量，将讲述追踪营销进步的重要性，介绍如何快速地评估营销的有利因素。从收集的信息中可以看到什么是有效的，以便及时调整从而发挥营销的最大功效。最后本章将介绍如何超越简单的投资财政收益层面，所获成果如何产生广泛而积极的影响。

　　能够适时做出调整、反应迅速的公司或组织都能够做出改变，沿着正确的方向前进并迅速获得成果。读完本书最后一部分——保证速度，成功就指日可待了。

# 第十章
# 迅速取得成果

营销活动结束时我心里总是五味杂陈。不论是重新设计网站、审查社交媒体，或是全球产品发布会，我都为取得的成就感到欣喜，但也会为项目结束萌生失落感。同时，我还迫不及待地准备动手大干一番，开始评估计划是否有效。看到所有规划和实施都已完成，你也许会感到欣喜，但是兴奋的还在后头呢。因为要获得最终成果，你还有一些事情要做：你需要确定自己的努力有所回报，确保自己的营销活动让公司真正受益。跨越了这一步，你就可以总结经验并庆祝成功了。

许多组织跳过营销项目实施这一重要阶段，错过了反思项目进展情况的巨大时机。虽然此前的营销活动在准备阶段花费了大量的精力和资源，但是却从不曾对营销活动进行评估。他们会因为登上博客头条而欣喜若狂，却忽略了其他新公司是否也上了头条。你希望万事进展顺利，但是只有真正分析之后，认真对待结果才能确切地知道事情进展是否顺利。

关键是要快速获得准确数据，你肯定不希望失去动力或遗漏细节吧。因此，趁热打铁抓住重要事物，检查成果至关重要，同时还可以判断成果是否与原定计划保持一致。只有这样才能知道营销是否可以推动公司发展。

## 阿拉斯加航空公司——税款减免

阿拉斯加航空公司在监管营销进展方面做得很出色。2011年7月22日星期五那天，美国国会错过了一个重要的截止日期，导致政府没有扩展一项法案，进而影响了联邦航空委员会（FAA）正常的运行。正因如此，FAA暂时无法对航空公司征收各种联邦税，为顾客打开了一扇"避税"窗口，即购买机票的时候无须纳税。联邦政府为此每日损失约2500万美元的税收。

逢此良时，许多航空公司立即提高了机票票价（有些公司24小时内就提价了）来填补差距，每张往返票中原本应该是税收的25到50美元全部收入航空公司的囊中。但是阿拉斯加航空公司将此视为一次重大机遇，不但没有随波逐流，而且迅速行动直接给顾客让利，保持低票价水平。与其他航空公司获取"不义之财"的做法不同，阿拉斯加航空公司迅速地创建了战略营销活动，以顾客利益为重，成为行业领头羊，令人印象深刻。

得到消息的24小时之内，阿拉斯加航空公司就抓住了营销引擎探索独特的商机。公司营销部副总裁乔·斯普拉格（Joe Sprague）迅速采取行动，要求营销团队寻找方法在"免税期间"让利给顾客。团队成员之一凯莉·格斯（Kelli Goss）参与了此项目，帮助创建并最终生成了有史以来"暂时免税期"的精明营销活动。

"从最初的决定到创造性概念和审批，到真正的广告发行，市场化步伐异常迅速！"阿拉斯加航空公司电子商务部经理凯莉·格斯介绍说，"做出决定之后我们就马不停蹄地付诸行动。"

下面是营销活动最初几小时和最开始几天阿拉斯加航空公司迅速实践营销计划的步骤，凯莉用简单化的时间线将其展示出来：

### 2011年7月21日

当天中午：美国所有航空公司都得到消息证实国会不会通过航空税法延长法案，7月24日凌晨航空税法将会失效。

### 2011年7月22日

当天下午12:28：营销部副总裁发邮件给我，转变策略，决定公开让利给顾客，要求弄清楚在公司网站上发布在线广告需要多长时间。

当天下午12:34：我发邮件给网页设计师和营销活动管理经理启动营销。

当天下午12:36：营销活动经理将广告追踪代码发给我们，开始创建活动请求，让我们添加活动的所有细节。每天所有广告团队都要会面，回顾如何携手开展营销活动。

当天下午13:04：媒体关系部经理发邮件来询问新闻稿的相关细节问题。

当天下午15:17：高级美术设计师提出了四种设计概念供参考。

当天下午15:26：媒体关系部经理将营销草案用电邮发给我们审阅，并寄给媒体。

当天下午15:34：营销部副总裁和我决定采用"男孩与算盘"的广告概念，既奇特又吸引眼球——男孩象征着税务师，算盘可以计算顾客可以节省的税费。

当天下午16:08：税务经理赞同措辞方式并建议设计登录页面，详细向顾客解释省下的具体费用。

当天下午17:30：登录页面编码完成，准备第二天凌晨与横幅广告一起张贴在公司官方网站alaskaair.com上。

### 2011年7月23日

当天凌晨：发布广告和活动登录页面，所有节省下的税费直接归顾客所有。

阿拉斯加航空公司直接让利给顾客的活动持续了16天，直到FAA税法重获效力。在那么短的时间内迅速行动既增加了公司的订单，为公司创造了收益，更重要的成果是传递了公司"顾客至上"的品牌价值观。免税期开始的第一天就有60余家广播报道阿拉斯加航空公司的故事，此后几十家其他媒体也在国内外大肆报道，既有平面媒体也有网络媒体，将阿拉斯加航空公司定义为行业领军者，为顾客谋福利，是履行企业责任的典型代表，同时展示了杰出的营销敏锐性。

从阿拉斯加航空公司的示例中可以看出，迅速反应，即刻面对变化的能力至关重要。抓住机会越快，营销成功的概率就越高。营销活动结束后，对于速度的需求也就变得更加重要。要及时地吸收学到的经验教训，评估营销活动是否有效，判断是否得到了满意的成果。

## 毫无进展？

谈到成果，人们抱怨最多的就是："为什么我的营销毫无进展呢？"他们通常在某项活动中投入了大量精力，却没有获得迫切需要的成果。这些年来我见过的此类例子有：

- 将媒体宣传稿寄给几家杂志社，却没有一个编辑回信。
- 制作了趣味十足的视频并发布在YouTube上，点击率却刚刚过百。
- 发布了一条很赞的微博却无人转发。

将没有获得成果归因于营销不起作用当然容易，但是实际上营销本身并没有问题。没有获得成果可能是出于以下三个原因：

1. 可能错在自己

可能是自己在营销上犯了错，这点原因不足为奇，也无可厚非，人非圣贤，孰能无过呢？现在正是客观反思营销过程和工作质量的最佳时期。以上文说到的媒体宣传稿为例，或许你的稿件中通篇都是错别字，或是看起来更像是公司的广告而不是为杂志读者而写。你能够对文章稍加润色，以独特的新闻视角来组织文章，令其更具说服力吗？如果可以就说明问题就出在自己身上，应该仔细审查工作，与之前开展的已经取得成果的活动进行对比，竭尽所能进行改善。如果成果还是不够理想，那么就需要提高质量了。

2. 可能错在他人

或许你的工作已经足够出色，这时可以指责他人了：或许是因为收到邮件的那天杂志编辑太忙于聘用新人了，或许是因为他忙着把生病的孩子送进医院，或许是编辑偏偏不喜欢你的观点，因此一看到邮件标题就将其删除了，还可能是因为编辑处理的事务太多，一时不慎把你的邮件删了。具体原因猜不完，但是你可能永远也不会知道真正的原因是什么，所以，就随它去吧！

3. 可能是始料不及的事

在微软工作期间，我曾为《奥普拉脱口秀》编写新闻故事，讲述的是一位女性如何通过MSN即时通讯软件与远在伊拉克服役的丈夫保持联系。故事讲述了技术如何弥合了夫妻之间的物理距离，感人至深。制片人也很喜欢这则故事,大家全都做好准备在脱口秀上采访这位女性,但是录制之前一位制片人突然发来一份电子邮件,紧急改变采访策略。一位士兵在服役过程中受伤失去了一条腿,刚刚飞回国。有机会在脱口秀上分享他的故事,制片人怎么会错过这个好机会呢?他的故事需要传扬,而且比"技术改变世界"的观点更符合《奥普拉脱口秀》观众的口味。错并不在我们,也不在他人身上,而是完全始料不及的原因导致了失控的局面。

不论营销无效的原因是什么,都需要进行彻底分析,找出深层原因。监管营销进展,特别是评估最终成果的价值就在于此。一些人认为评估营销活动毫无意义,特别是对于社交媒体来说。最近听到一位营销专家在接受采访时将营销比作他祖母做的饼干。他说道:"祖母做的饼干就是好吃,但是没办法衡量,对于Twitter来说也是如此。"

我无法和直觉的力量辩驳,因为直觉是决定饼干好吃与否的最好标准。但是评估营销是否有效不能单纯地依靠直觉。如果家里人都不吃祖母做的饼干了,那么再花钱去买原料、花时间去烤饼干还有什么用呢?而是应该弄清真相:为什么大家都不喜欢吃饼干了?

## 投资回报率和影响力

你需要尽快弄清楚问题的根源。付出了所有努力,花费了所有时间和资金之后,营销见到成果了吗?得到了何种程度的回报?是否应该重复同样的努力呢？营销的最终意义何在？有益之处是什么？所有这些问题都与投资回报（ROI）相关。

投资回报指的是某一项目上的投入与获得的收益之比。多年来商界一直使用这种方法来衡量企业的成功：从盈亏一览表开始算起。过去，投资回报也用来评估花费的收益与投入的时间和资金。如果一个项目需要2名员工花费2天时间完成，每人每小时的工资是10美元，每天工作8小时，那么成本就是160美元×2，也就是320美元。如果项目收益是400美元就赢利，如果项目只收入了300美元就表示亏损。收益就是这样按时间、按资金来计算的，你是怎么做的呢？如果你花费了2.5万美元进行产品营销，投资赚回来了吗？赚了多少？就盈亏一览表而论，你赢利了吗？

盈亏一览表是个简单的概念，但是成功并不总是可以用这么清晰、直白的方式来衡量，评估方法不是固定不变的。现在，许多组织不仅以收益来衡量成果，还以努力产生的积极影响来衡量成果，阿拉斯加航空公司的示例就是如此。营销活动如何对公司、顾客，某些情况下甚至是对全世界产生积极影响？营销的积极影响更加难以捉摸，也不便于量化，但是清楚地知道积极影响、评估积极影响还是很重要的。"投资回报率"演变成了"投资回报率加影响力"，通过营销为组织取得的成果不单单是营业利润。

# 第十章
## 迅速取得成果

## "隐形的孩子"公司

"隐形的孩子"（Invisible Children）公司是一家非营利性组织，旨在利用社交媒体，联合世界人民的力量反对乌干达游击队领导人约瑟夫·科尼（Joseph Kony）的领导。该组织在YouTube上发布了30分钟的视频，展示科尼聘用儿童参军成为士兵，发布之后一路飙红。下面将介绍该组织的简单计划，不仅非常有用，还取得了立竿见影的成果：既获得了投资回报，又产生了积极影响。

在西雅图大学上课的时候，学生们告诉我这个视频的存在，我才第一次听说"隐形的孩子"。"两天之间已经有几百万人看过这个视频了。"他们欢呼着说，"老师，您一定要看啊！今晚就看！"那天上完课我就看了那个视频。

这部视频由"隐形的孩子"制作，是教育营销活动的组成部分。视频开始的几分钟就清楚地展示了"隐形的孩子"的愿景：利用社交媒体和流行文化的力量让科尼"一夜成名"，并借此提高公众对这样骇人听闻的消息的警惕性，进而促进相关方面采取必要的政治行动，最终逮捕科尼。"隐形的孩子"合伙创始人詹森·拉塞尔（Jason Russell）担任了这部视频的导演和旁白，视频中詹森年轻的儿子在加利福尼亚进行拍摄，展示了非洲儿童的无望境况。詹森解释了约瑟夫·科尼在过去的10年间已经诱拐了约6万名儿童，说明"隐形的孩子"打算利用这部视频在社会行动的帮助下终结聘用儿童士兵，让乌干达家庭得以重聚，社区更加融合。

活动见到了成效：炙手可热的青少年偶像贾斯汀·比伯（Justin Bieber）在Twitter上拥有一千八百多万粉丝，看到"隐形的孩子"的视频后就转发了视频链接，还写道："是时候对科尼进行人肉搜索了，我号召所有粉丝、朋友和家人一起努力'阻止科尼'，这不是儿戏，是件非常严肃的事。让我们共同合作'做出改变''阻止科尼'，解救儿童！"

奥普拉·温弗瑞在Twitter上拥有九百多万粉丝，在谈到科尼的"LRA（圣灵抵抗军）"时说道："感谢各位将这条视频转发给我，让我能够参与'终结LRA暴力'，现在知道了暴行的存在，我已经出资出力，并会继续支持。'2012科尼终结'！"

除了这部视频，"隐形的孩子"还创建了行动工具箱在公司网站上出售，每套售价30美元。工具箱上还有一条营销信息，写道："戴上它，人们会认为你是了不起的拥护者，参加2012终结科尼活动所需的所有事物都在工具箱中：官方活动必备。"工具箱中包括一件T恤、一副科尼手铐、行动指南、贴纸、纽扣和海报。

表面上看，视频一路飙红，营销行之有效，投放到YouTube上的视频三天之内就获得了5500万点击率，获得了世界媒体的认可，甚至工具箱也是马上售罄，受欢迎程度可想而知，以至于不得不延期交货。

但是接下来的几天里，怀疑主义者开始批判"隐形的孩子"的动机。伴随视频巨大的成功和视频制作者增加，人们努力帮助非洲儿童面临的灾难的不懈努力，换来的是无穷的问题，人们开始质疑"隐形的孩子"的意图、公司的财政透明度，还担心社交媒体上我久夫志刀的愤怒态度是否有所欠缺，对乌干达人民来说是否为时已晚。科尼和军队已经离开了该区域，有报道称科尼的军队目前只有不到一百人。除此之外，各大媒体还对"隐形的孩子"大肆报道，"隐形的孩子"联合创始人詹森3月15日住院的时候饱受公众批评，据报道詹森因为过度劳累、脱水和营养不良，健康状况每况愈下。虽然饱受种种诟病，活动仍在继续。2012年4月20日另一轮的营销活动开始了，全世界人们开始化激情为行动，高举印有科尼头像的海报，掀起了"终结黑暗"活动。不幸的是，虽然之前的视频发布在网络上获得了极大的成功，但是并没有如"隐形的孩子"预期的那样席卷全球，转化为现实的行动。

不论你是否赞同此项营销活动的进程，你都能够从中学习很多经验教训。这个案例成为营销奇迹的原因在于成果展示时闪电般的速度，特别是对YouTube和Twitter听众来说。如今大家都以电子的方式"互相联系"，所以，社交媒体是做出改变的迅捷途径。时间会证明组织品牌的营销活动是否长期有效，考验"隐形的孩子"是否能够实现组织目标：将约瑟夫·科尼绳之以法。

## 监督并分析成果

密切关注营销活动的每步进展，获得成果极其重要。有效的市场营销人员必须回顾并牢记营销项目从头至尾的每个发展步骤，因此，活动伊始就要建立良好的监督过程，并贯穿活动过程始终。话虽如此，也不必过于苛求，让营销过程负重累累，或是收集了完全无用的信息。必须关注营销活动最重要的细节才有价值，找到平衡点为以后的分析工作做铺垫。

获得成果之后要尽快进行分析，因为此时此刻一切还清晰地停留在脑海中。你参加过集思广益的会议吗？是不是在活动挂图上写下了一大堆想法？几个月过后，需要重新回顾笔记的时候却只能抓耳挠腮，不禁自问："这到底是什么意思啊？"写下的时候固然是要点，但是重组这些重要细节确实有难度，特别是活动挂图厚厚的一大沓，上面还用各色彩笔做了标记。

许多大企业追踪每个可得的顾客数据，许多企业将所有内部花销与增加顾客销售量价值挂钩。例如，在Target网站上下了订单之后，收据下方要输入用户名和密码，还有一个targetsurvey.com的网址链接，邀请你花几分钟时间就最近一次购物体验给出反馈信息。做完调查问卷后将得到一张九折优惠券，下次购物时可以使用。虽然这一举动看起来天衣无缝，但是要进行相关软件开发和数据库管理需耗资几百万。本书之中我反复提到营销活动不一定要复杂，如果没有足够的资金预算和资源，快速有效评估营销的方法还有很多。

方法之一就是召开营销战略总结会。在微软工作期间，每次重大营销项目之后都会召开"解剖"大会。解剖是医学术语，描述的是在尸体上检查死因。这里指的是营销活动后期讨论会，仔细分析营销策略哪些有用、哪些无用。营销活动结束后的一个星期内，我们把参与活动的每个人集中起来，重新回顾营销细节，可以说是全方位的解剖报告会，这些人员通常包括海外销售冠军、外部供应商，有些时候甚至还包括顾客与合作伙伴。会议上大家踊跃发言，分享营销活动中的观察结果，分析利弊，企业欢迎大家提出一切反馈意见，正面的、负面的或是中立都可以。会议上回顾营销的所有细节，重新审视企业愿景和具体的发展目标、营销目标，我总会把营销计划摆在面前，逐字逐句地仔细检查，确保没有遗漏和丢失。

从某种程度说，快速回顾法与第二章中提到的SWOT分析法相似，只是快速回顾法更像是某项具体营销活动的发掘工作。在微软工作期间，有专人负责电脑记录工作，将所有重要细节做成电子表格，方便以后使用，化劣势为长处。重要的是所有事情都公开化处理，虚怀若谷，用批判性眼光提出建设性发展意见，不惧怕承认失败。具备后见之明，让我们获益匪浅，可以化腐朽为神奇。

如同本书中反复提到的那样，最快捷的数据采集和分析工具之一就是创建Excel表格或Word文档。下面是我在微软工作时创建的表格，仅供参考：

| 活动 | 积极结果 | 学到的经验教训 |
|---|---|---|
| 总体战略：对具体愿景和情景的设想 | 清晰的愿景和目标 | 缺乏足够的有关企业竞争格局的数据 |
| 品牌故事：品牌故事传播和目标受众 | 营销活动中品牌属性一致 | 发现了新的特定市场，但是营销信息不匹配 |
| 取己之长：顾客、合作伙伴和媒体 | 高达93%的伙伴支持 | 媒体对竞争信息的困惑 |
| 简单明晰：行动方案 | 在线登记程序运行良好 | 视频活动超出预算 |
| 保证速度：获取成果、分析评估成果 | 调查问卷反馈快 | 活动之后没有立即从典型顾客群收集量化信息 |

在这种快速简单的追踪表格基础上，可以创建其他细化的项目来进行评估。可供使用的营销活动和策略有很多。下面就将介绍最常见的五种方法，还包括一点如何评估每种方法有效性的建议，提什么样的问题以确保营销活动取得正确的成果。提到项目评估时，单纯依赖数字和量化成果固然简单，但是却从来没有不顾全局，而是要深入发掘，看透表面的统计数据得到真正的答案。将分析过程与几个量化问题结合支持营销活动无须花费过多精力，如果营销有用，可参阅第二章。

### 1. 广告宣传

从基本要素做起，需要判断广告播放是否适当、是否包含了应提供的所有信息。人们能够看到这则广告吗？看到了之后反响如何？此外，还要察看营销活动对企业发展是否有效。广告业界对于广告的播放频率及人们对于广告接受的程度持有不同观点，印刷广告、在线广告和广播广告莫不如此。衡量广告活动有效性的最快方法就是包含清晰的行动口号，这样人们才会如你所愿地行动：打电话、发电邮或是访问公司网页。更为重要的是，它提供了可以衡量的具体指标。

使用印刷优惠券作为营销组合的组成部分或是通过高朋网等在线服务网站创建活动的价值之一就在于此。通过高朋网开展营销活动的效果立竿见影，不仅可以了解最初购买优惠券的人数，更可以评估真正使用优惠券的人数。然后就可以继续评估这些人会重新光顾，还是一张"优惠券奇迹"？这是一个行动号召，可以对营销活动的效果进行判断。你的广告中有行动号召吗？顾客是打电话给你，还是光临公司了？你需要弄清楚广告是达到还是超过了预期目标，是否如预期地那样影响人们的思维或行为。

## 2. 举办活动

一提到活动，人们很容易习惯性地只计算参与人数，例如，资金募集会上希望有100人参加，也就是所谓的"一个萝卜一个坑"评估法，是量化的方法。但我希望你能够深入分析，弄清楚出席的人是谁，是期望中的人吗？就资金募集而言，参与的人能够慷慨解囊，助你实现目标吗？此外，参与者接受了你分享的信息和品牌吗？你是如何得知的？具备行动号召吗？如果事先制定了营销战略，那么招标一开始就可以知道是否能够产生正确的结果。

### 3. 社交媒体

人们对待社交媒体与活动类似，往往将成果单纯地建立在数字之上，报道中也只是统计微博的数量和转发量。同样地，需要对社交媒体进行深入分析，看看转发微博的是哪些人，读这些微博的又是谁。微博是一字不动地转发还是变换说法？Twitter和Facebook上的好友和粉丝都是什么人？Pinterest上评论图片的是谁？是你期望的人吗？还是应该效仿他人？在科尼的例子中我注意到，社交媒体活动有星星之火成燎原之势，但是有些时候要加以监管以避免失去控制。

### 4. PR

媒体关系的有效性可以用文字记录：如果《联线》（Wired）杂志里面提到了新的手机应用，虽然只有简短的三行，但是文章的价值与同等长度的平面广告成本相同。但是这种日子已经远去，正如在活动和社交媒体部分讲到的一样，要深入分析，超越长度来评价PR活动的有效性。发出新闻稿之后期望中的媒体报道新闻了吗？如果报道了，是原文转发，还是从不同的新闻角度进行重新报道？

采访结束后，记者报道了发言人的重要信息吗？媒体使用了你提供的补充材料，如图形、图片或视频吗？不难看出，这不单是定量分析的问题，还要考虑报道的质量。报道中给出公司网址链接吗？观众点击链接网址了吗？浏览了网页之后顾客是否留下"蛛丝马迹"告诉你他们读过、看过或听过你的新闻故事吗？这些顾客与期望的顾客一致吗？要评估PR是否有效，这些问题不可不问。

### 5. 直接邮寄广告

通过邮寄信件，或者发送电子邮件、实时通讯、实时明信片，但是要客观评价方法是否有效。发出了一万封电子通讯稿，或终于发放完最后一箱广告传单，感觉似乎很成功，但是只有透过数字才能知道是否成功。就电子实时通讯而言，需要知道阅读通讯的人数和点击率。许多组织用MailChimp或Constant Contact等工具衡量和分析顾客阅读电子通讯内容的方式，但是顾客喜欢你的通讯内容吗？阅读之后和他人分享了吗？浏览了公司网站之后下订单了吗？你是如何得知的？使用"谷歌分析"（Google Analytics）或其他工具来收集信息了吗？需要快速集合小组座谈会弄清楚顾客是否喜欢其他模版或完全不同的营销方法吗？这些都是需要提问的重要问题。

## 活动调查

除了在事后分析小组会上收集信息之外，在一些情况下进行匿名调查也很重要，特别是在商业交易之后，如完成销售或交付服务后。这种方法对于活动和其他类型营销活动同样有效。调查问卷可以直接寄给规划和进行营销活动的参与者，也可以寄给参与活动的顾客、合作伙伴和其他外部受众。

KL通讯有限公司（KL Communications）的凯里·莱赫托（Kerry Lehto）过去17年里创建了几百万份活动调查问卷并制作成表。凯里取得了数值分析方面的硕士学位,还具有财富500强公司的工作经验,举办过各种规模的个人活动,知道如何迅速获得成果,也了解评估成果的最佳方式。下面是凯里列出的几项一级指标,特别适用于活动之后进行调查问卷使用:

- **问题简洁**。不论问什么,调查问卷一定要简洁。除非有人渴望给出反馈(大部分人都不想),否则回答太多问题只会让人厌烦。简洁原则对于纸质问卷和在线问卷同样适用。

- **给予回报**。如果想得到回复,可以采取一些激励措施让参与者提交调查问卷,可以提供小巧的手工礼物或是在线优惠券或折扣,还可以告诉参与者提交问卷能参加抽奖活动、赢奖金等。活动之后追踪参与者心理这种方法特别有用,即便是没有赢得大奖,参与者也能获得线上折扣。通过这种简单的交流,大家就会支持公司未来的活动,会在第一时间想到你的公司。

- **询问许多定性问题并获得书面答复**。这些问题可能包括:"参加活动时最喜欢什么?为什么?""明年如何改善活动?"等。问题还可以非常具体,如最后一个问题:"明年打算如何改善活动?为什么?"这些开放式问题能比简单的是非问题获得更加有用的反馈。

- **综合的活动问题**。尝试问这样的问题:超越活动内容层面,并能够就活动各个方面取得反馈的问题。可以就物流(活动地点、活动人员、餐饮等问题)、发言人(评估他们的表现和演说内容)、网络机会、活动时长和选择的其他话题发问。

- **重复提问之前类似活动的调查问题**。这里就是真正有趣的地方了。通过发问了解当前活动与之前类似活动相比如何，或者就调查对象对公司举办活动的看法进行提问，这种办法非常有效。每次相关活动都就这些问题提问，能够看清顾客是如何认知公司的，了解当前活动与此前活动的相似之处。了解如何才能达标，需要怎样改变才能做得更好，需要怎么做才能让参与者满意，因为让参与者不断光临至关重要。

## 最终评定

现在就该进行最终评估了，也就是要回顾计划和所有营销活动，评估成果，看看自己是否成功。这里难免有些棘手，所以需要真正的诚实。那么该怎么做呢？自己可以得到优秀吗？还是只能算良好？希望你的所有努力总会有所回报，营销活动不至于不合格，特别是读完本书之后！但是如果事情确实如此，就该从中吸取经验教训，重新开始推进营销活动。

## 美国运通公司

在涉及多项活动的综合营销活动中要充分运用所有要素，快速收集有用成果，此方面美国运通公司就是典范。多亏了数字市场，在线金融服务提供商如全球最大的在线支付平台贝宝（PayPal）成为运通公司的顾客，为运通公司带来了新机遇。为了避免被时代淘汰，运通公司决定以创新型新产品——Serve，进军电子支付领域。Serve集信用卡、借记卡和在线支付服务于一身，是为获取新型顾客而设计的，这些运通公司的新顾客包含尚未开办信用卡或借记卡账户的顾客，如以现金作为主要支付方式的人和使用智能手机进行交易的年轻人群。Serve还需要进行测试，而且竞争格局正迅速变化，因此测试工作必须尽快完成。

一开始运通公司采取游击战术营销Serve，决定创建战略性试点活动进行测试。即使是这样的跨国公司，在产品被市场认可之前，原始的预算也是非常有限的，虽然时间紧迫，但是运通公司群策群力将所有的资源集中起来，利用优势条件，几周之内就提出了合理化的行动方案。

俄勒冈州尤金市被选为试点城市，原因有几点：尤金市是俄勒冈大学所在地，拥有一大批年轻的目标受众；尤金市位于西海岸，北面临近微软总部，南面靠近苹果公司，因此这里的年轻人极有可能都是科技通；尤金市向来以另类著称，是嬉皮士的聚居地，而且对企业持批判态度。因此，尤金市是Serve产品测试试点的首选之地，在这里可以得到诚恳的反馈意见。

几周之内，运通公司就衡量所有资源，利用自己的优势在当地快速创建可靠的关系网。从绿山人道协会（Greenhill Humane Society）到俄勒冈大学朗德克斯特商学院的每个人都愿意参与测试，帮助运通公司测验新产品。建立了这些关键的社区关系网,营销活动就开始了,其中包括Facebook宣传、媒体推广、广播广告、促销和在大学生中开展的其他活动。

运通公司还与尤金市周末市场(Eugene Saturday Market)建立了一项具体营销项目。尤金市周末市场始建于1970年,是美国最大的露天手工艺品市场,每周举办一次。运通公司与该市场管理部门合作,获得了25个以上市场供应商的支持,在个体展厅内帮助测验Serve。为商人和顾客提供少量现金激励帮助他们创建新的Serve账户,测验项目持续了一个星期,为运通公司提供了绝佳的机会展示Serve产品,并在潜在顾客手机上安装Serve产品。

运通公司从这次快速测验项目中获得了巨大价值,短短的几个月间,运通公司得以即时了解真正的世界景象,获得人们对于产品的真实反馈。同时公司管理层可以与普通顾客面对面交流,迅速测验新产品,向公众、媒体和博主传递营销信息。运通公司能够掌握哪些方法有效、哪些方法无效,从而极大地改善新支付方法Serve未来的版本。

本章中讲述了快速发现营销有效性方法的重要性。关键是要掌握营销过程中的每个进展,营销项目结束后立即进行综合评估也很重要。要趁热打铁,迅捷地分析能够确保获得最清晰、最有用的观察结果。但是这一过程很容易被忽略,专注于此对于营销成功至关重要。

项目收尾进行分析时,我特别相信品牌传播"教学与实践相结合"的方法。首先从好事计算:什么事进展顺利?谁需要名望?然后瞄准目标，虚怀若谷地听取建设性反馈，改善未来的发展计划：哪些事情可以做得更好？哪些事情出乎意料？遗忘了什么事吗？学到了什么经验教训？最后才能知道：什么时候庆祝成果呢？

### 营销思维模式

回想本章所读内容，回答下列问题：

1. 目前的营销活动哪些是应该评估的？

2. 对于你来说，评价某一具体营销活动成果的快捷且有效方式是什么？

3. 清楚自己需要获得的投资回报率吗？

4. 你认为把回报纳入投资影响力中重要吗？为什么？

5. 你认为通过问卷调查来对营销项目进行快速评估有用吗？

## 后记

PROPEL
Five Ways to Amp Up Your
Marketing and Accelerate Business

**感**谢各位读者阅读本书，希望您投入的时间能够有所回报：在书中找到了自己需要的信息，听到了有趣的、对您有所帮助的故事。我写此书的目的，就是希望能为您的事业增砖添瓦，提供推动力。我并不期望您使用书中的全部观点，但是我希望书中的大部分观点能与您产生共鸣，验证您的原始想法，或提供全新的思考视角。

不论是独立经营公司、在大企业工作、在上大学、管理非营利组织，还是从事其他工作，希望您现在已然明白：目的明确的营销能够改变企业现状，推动企业朝着愿景发展。只需应用营销五大方法：制定总体战略、塑造品牌故事、取己之长、简单明晰和保证速度就能产出重大成果。

在此处与您分享的概念和在研讨会上讲述给听众的一样，我发现大多数人都能立即受到鼓舞，开始以全新的方式营销。他们希望马上行动改进网站，确保网站与客户建立联系，或者希望找到能够为公司撰写博客的伙伴。

一些人虽然充满创意，但是却因为种种原因需要帮助才能付诸实践。具有代表性的就是听完讲座后，这些人回到办公桌旁，就全神贯注于日常琐事，把营销当成工作清单中的最后一项。我不希望这样的事发生在您身上，而是希望您勇敢地迈出第一步，推动营销取得新进展。

之前已经写到，营销并不要复杂烦琐，无须花费大量时间，也不会花费大量资金，只需要勇敢行动！从制定总体营销战略开始，花点时间思考自己真正想要实现的目标。从各个角度考虑自己独特的品牌和品牌故事，思考品牌的客户是谁。通过在客户身上多下功夫来加强营销努力，还可以通过与伙伴合作，把品牌新闻分享给媒体等方式。同时，营销计划要简单，实施过程要简明。最后，不宜思之过多。计划并不需要尽善尽美，只需勇敢行动即可。利用手头的一切资源，观察哪些有效、哪些无效，在实践中不断修正直到获得了正确的成果为止。

本书开篇就说过营销并不总是直线型的，每家企业都必须找到适用于自身的独特的营销行动组合。在某种程度上，营销既是艺术形式又是一门科学。有效的营销就是向目标受众分享品牌信息，获得恰当成果的能力。可以通过在网站上设置新页面或播客来实现，

## 后 记

总之，只有自己动手实践才知道哪种方式最有效。

如果您需要点助力或支持才能开始行动，那么我希望您浏览我的官方网站，那里有免费的模板和范例，还有其他资源和多媒体工具，如"营销时刻"视频和各种参考意见和小贴士。如果您已经从本书的信息中受益，那么欢迎分享您的成功经历，我也非常乐意在博客、报告和演讲中分享您的成功故事。

祝您马到功成！

惠特尼·凯斯

whitney@whitneykeyes.com

WhitneyKeyes.com/Propel

索引 PROPEL
Five Ways to Amp Up Your
Marketing and Accelerate Business

奥普拉·温弗瑞，27，119，186

阿德里亚娜·麦迪娜，089

阿拉斯加航空公司，107-109，178-181

Audiosocket公司，152-154

不知所措，26

比尔·盖茨，30，005

宝洁公司，155-156

C

创建品牌形象，048-049

创立传播框架，050-054

重新包装知识，163

创建实习岗位计划，165

## 索 引

### D

迪士尼公司，27，047

大卫·诺顿博士，020

调查问卷，034，193–195

大卫·沙利文，164

### F

分组座谈会，033–034

Forever 21服装公司，043

### G

GoDaddy.com网站，21

过分痴迷，25

过犹不及，24–25

过于自负，26–27

盖亚草药，009

GAP服装公司，043–044，046，056，082

高度重视时间，162–163

### H

获取市场的五大方法，30–33

H&M服装公司，043

黑人大学联合基金会，050

好时巧克力公司，060

合作，贵宾顾客，091–092

iChelle服装店，003，006，007，009，011，013

金吉宠物救助中心，20

急于求成，23-24

加利福尼亚牛奶加工委员会，050

吉尔德利巧克力公司，050

集思广益，114

简恩·米勒，153

经营客户评价，170-171

凯·平井，20

扩大影响力、利用优势，32

科琳·帕特里克-古德罗，157-162

罗伯特·卡普兰博士，020

追随持久潮流，164-165

利用个人优势，168-169

M

美国运通公司，033，195-197

麦当劳，043

美国苹果公司，043，196

玛利亚·罗斯，047

玛姬·温克尔，049

马特·海因茨，067

曼雅·伽拉梅雅·麦克维，074–075

耐克集团，005，043

女童军，047

内曼·马库斯，047–048

全食超市，008–009

乔治·T. 多兰，012

巧克力盒子公司，099–100

布雷特·伦威尔，015–016，162–163

斯蒂芬·R. 柯维，006

SWOT分析表格，024–025

宋明叶，045–046

社交媒体和成果，192

投资回报率，183–184

微软公司，30，005，033，055-056，073，171-172，182，189，196

信息外部来源，035-036

选择项目，146-147

星巴克公司，169-170

循环利用工具，171-173

# Y

营销误区，21-28

营销VS广告，29

营销VS品牌塑造，29-30

营销VSPR，30

营销计划的五个步骤，145-152

整合，169-170

直接邮寄广告和成果，193